マンガで実用

使える
禅

暮らしに役立つ基礎知識

監修・枡野俊明 曹洞宗徳雄山建功寺住職

マンガ・夏江まみ

社長室
よし、じゃあ
このプロジェクト一任するから、頼んだぞ
はい!!頑張ります!!
ちょっと不安だけど、任されたからには……!!
高橋 悟（28歳）
お、いい返事
……ただなー

どんより…
高橋の部署はな～んかマイナスオーラが漂ってるんだよな
あ！
そうだ、いいものあげよう!!
いいもの？
し、失礼しました――……
いいものって……
カチャ…

ばーーん!!
何コレ?!
ぱかぱーーん!!!
他の部署を成功に導いた開運ダルマだぞ!!
イケメンだろ?大事にしろよ~!!
大丈夫かな~
……だって、うちの部署ってホントに……

戻りました〜
篠原かおり
（23歳）
おかえりなさ〜い
おい、高橋
ツイッター見てる…
はい?!
……
早く田渕さんに書類出せよな
守屋一志
（45歳）

そっか、田渕さんは……？
田渕政男（58歳）
いない……
田渕さんならランチに行ったわよ
え　そうですか、早いですね……
木崎冬美（34歳）
何？そのダルマふざけてるの？
いやこれは社長が～……
ふざけてなどおらぬ!!

まったく失礼だとは思わんかね？
ふぅ…
どいつもこいつも辛気くさい顔してるの〜ぅ……
?!!!
ん？どうしたのよ？
え?!あの……
ええ?!
うるさいわね〜
うるさいのう、おぬし……

高橋悟《たかはしさとる》(28歳)

主人公。素直だが人に振り回され、空回りすることも多い。プロジェクトのチームリーダーになったが、メンバーのまとまりのなさを嘆いている。

ダルマ(達磨《だるま》)

部署のマイナスオーラを感じ取り、主人公・高橋に禅の教えを伝え始める。困っている人を放っておけないが、甘やかしはしない。

木崎冬美《きざきふゆみ》(34歳)

美人だが、いつも眉間にシワ。真面目ゆえに何事も考えすぎて、不眠気味。売上改善のために斜陽部署に送り込まれてしまった社内の有望株。

田渕政男《たぶちまさお》
（58歳）

守りに入った窓際族。管理職でありながらマネジメントが苦手。かつての成功と自分のやり方を引きずる。

篠原《しのはら》かおり
（23歳）

仕事より友達と恋人優先。SNSのチェックは欠かさない。実は自分に自信がない。

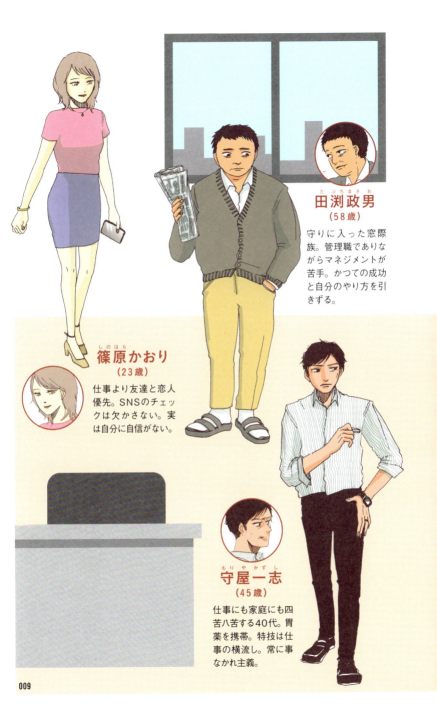

守屋一志《もりやかずし》
（45歳）

仕事にも家庭にも四苦八苦する40代。胃薬を携帯。特技は仕事の横流し。常に事なかれ主義。

CONTENTS

人生が変わる80の禅語

参考文献

監修者・枡野俊明著作

・『禅と禅芸術としての庭』(毎日新聞社、2008年)
・『禅の言葉』(大和書房、2011年)
・『[図解] 禅で身につく「人生」と「仕事」の基本』(PHP研究所、2012年)
・『禅の言葉に学ぶ ていねいな暮らしと美しい人生』(朝日新聞出版、2012年)
・『禅が教える人生という山のくだり方』(KADOKAWA、2016年)
・『人生を整える 禅的考え方』(大和書房、2017年)
・『禅の言葉で暮らしをグレードアップ 実践! 一日一禅』(NHK出版、2017年)
・『リーダーの禅語』(三笠書房、2017年)

その他

・『禅とは何か』(鈴木大拙著、角川書店、1999年)
・『イラスト図解 心があたたまる禅の言葉』(サダマシック・コンサーレ著、宝島社、2014年)
・『ほっとする禅語70』(石飛博光著・渡会正純監修、二玄社、2003年)
・『翌日の仕事に差がつく おやすみ前の5分禅』(島津清彦著、天夢人、2018年)
・『大丈夫、みんな悩んでうまくいく。てんてんの「十牛図」入門』(細川貂々著、朝日新聞出版、2011年)
・『知識ゼロからの禅入門』(ひろさちや著、幻冬舎、2011年)

・本書の内容は宗派や寺院によって異なることがあります。
・本書に登場するキャラクターのダルマ(達磨)は、実在した達磨大師を模した仮の姿です。

さあ、禅を実践して
心も身体も調えましょう!

曹洞宗徳雄山建功寺
枡野俊明和尚

一章

禅の基礎知識

マイナスオーラ漂う部署で
プロジェクトリーダーを任された高橋悟。
なんとかチームをまとめたいが……。
そんな高橋に話しかけるナゾのダルマは、
一体何者なのか?!

な、なんで
ダルマの置物がしゃべってんだよ～!!!!
そ～…
やはり落ち着きがない奴だのう……
ゆらすな
酔うだろ
おぬしはまあ、よく空回るようだの……
前日
頑張り過ぎて寝坊
キャパオーバー
…

そもそも おぬし、姿勢が良くない
え?! なんのこと?
ちょっと 立ってみろ
たしかに…
首が前に出てるから 背が丸まって 腰で身体を支えてるだろ
すっ
この姿勢だと 息がうまく できないぞ
そうじゃなくて 骨盤を立てるように 背筋をのばす!!

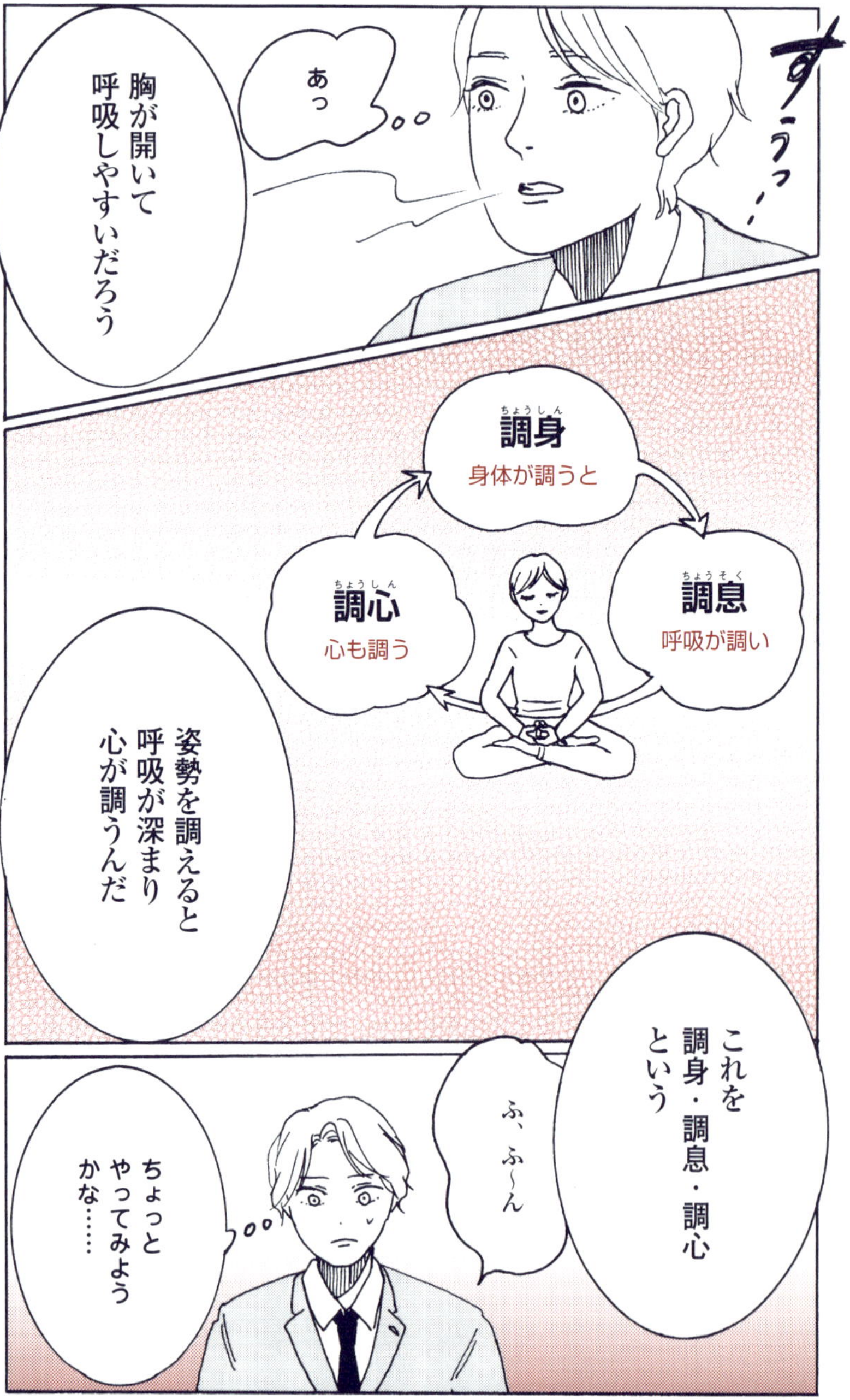
すうっ……
あっ
胸が開いて呼吸しやすいだろう
調身《ちょうしん》
身体が調うと
調息《ちょうそく》
呼吸が調い
調心《ちょうしん》
心も調う
姿勢を調えると呼吸が深まり心が調うんだ
これを調身・調息・調心という
ふ、ふ〜ん
ちょっとやってみようかな……

翌日
お〜い!!
姿勢を意識したら苦手なプレゼン、いつもより落ち着いてできたよ!!
こういうビジネススキル、他にも知らない？
いや、あれはビジネススキルじゃないぞ仏教の教えだ
そうなの？
仏教の宗派の一つ、「禅」で大切にされているぞ
禅?!

禅宗とは仏教の一派だ
ガンダーラ地方
敦煌《とんこう》
雲岡《うんこう》
高句麗《こうくり》
新羅《しらぎ》
マガダ地方
長安《ちょうあん》
龍門《りゅうもん》
百済《くだら》
日本
インド
中国
ビルマ
スリランカ
禅宗の伝わり方
インドでお釈迦様が悟りを開き始まった仏教は知っているな
6世紀の初め頃、禅はインドから中国に伝わり、中国で発展した
その後日本にも伝わった有名な禅僧はこのあたりだな
曹洞宗《そうとうしゅう》
道元禅師《どうげんぜんじ》
臨済宗《りんざいしゅう》
栄西禅師《ようさいぜんじ》
黄檗宗《おうばくしゅう》
隠元禅師《いんげんぜんじ》

まあ歴史の話はこのくらいにしておいて
おぬしはプロジェクトリーダーになったものの、うまくいってないんだろう？
待ってください!!
皆がバラバラに動いて、
いちいち振り回されているかもしれないが
田渕さんまたいない…
帰宅

禅はすべてのモヤモヤを解決するぞ!!
なにせわしが開祖だからな!!
菩提達磨《ぼだいだるま》
禅宗の開祖
そういや…
主人公という言葉があるだろう?あれは禅語なんだ
禅語?
不可思議
本来無一物
日々是好日
禅語とは禅の思想を表した言葉だ
主人公
小魚呑大魚

ここでいう主人公とは物語の中心人物のことではない
自分で考え主体的に動くことができ
未来
過去や未来ではなく今を生き、何ものにもとらわれない
今
そんな生き方をせよという教えだ
過去

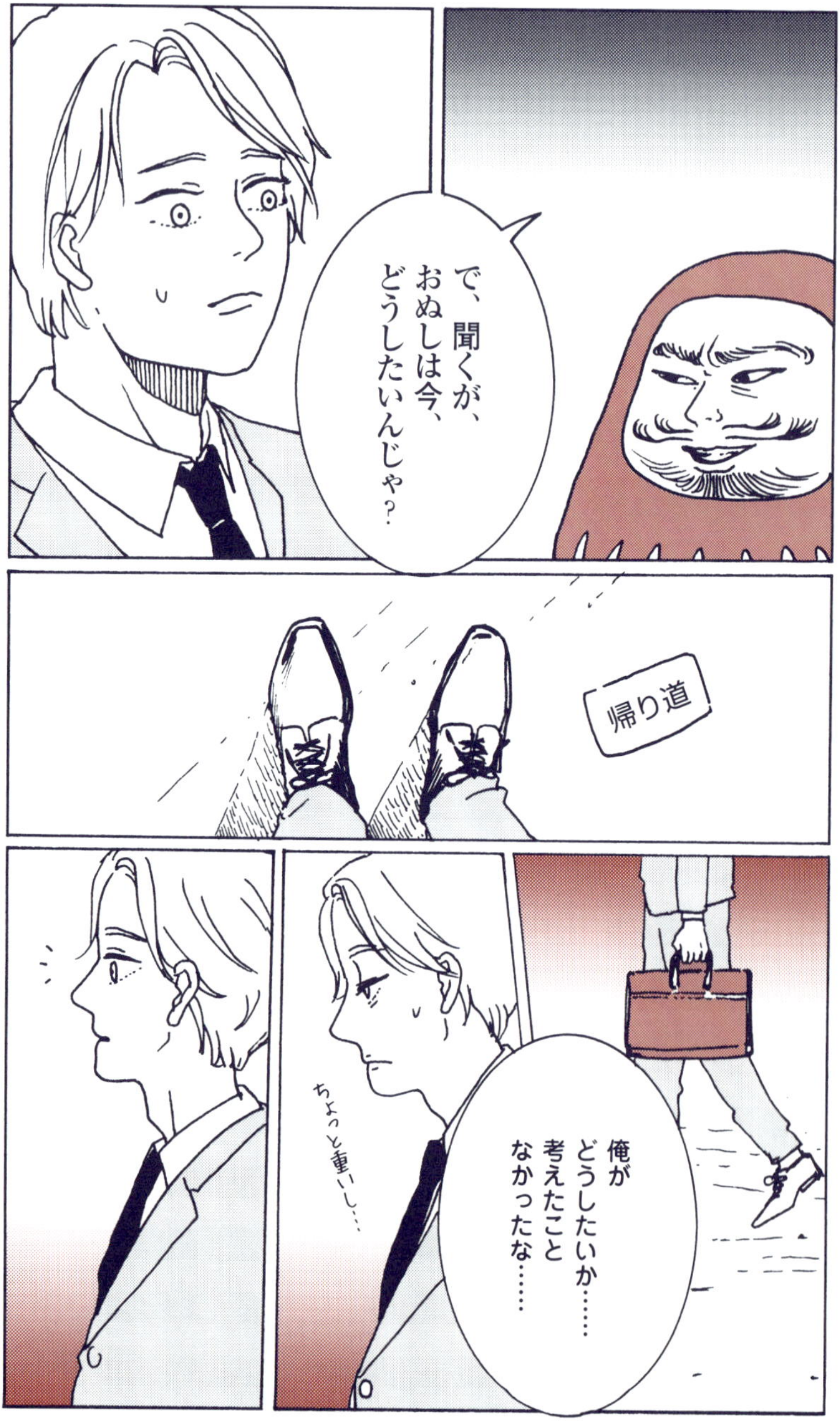
で、聞くが、おぬしは今、どうしたいんじゃ？
帰り道
俺がどうしたいか……考えたことなかったな……
ちょっと重いし…

お寺……
大地黄金
こういうのも
禅語なのかな
寺
ちょっと調べて
みるかぁ……
HSK

めちゃくちゃ たくさんあるけど、どれも難しい〜!!
でもなんか 響くものがあるのも 確かなんだよな……!!
No!
プロジェクトの 成功も もちろんだけど
あ、やば また姿勢悪かった…
禅には もっと深いものが ある気がする……
翌日
ダ〜ル〜マ〜
昨日のことだけど 俺はみんなが 「主人公」になれる チームを作りたい!!

……!!
禅とは
哲学のような
学問ではない
「禅即行動《ぜんそくこうどう》」といって
身体を通して
体得するものだ
実践しながら
禅をマスター
してくれ!!
やってみる!!
とりあえず、
調身・調息・調心
だね
そう、
まずはそれだ!!
何を一人で
騒いでるのかしら…?

禅とは何か

「主人公」となり今を生きる教え

知識を学ぶより、身体で実践するもの

インドの仏教に中国の思想が加わって生まれたのが「禅宗」です。仏教はインドでお釈迦様によって始まり、教えは弟子へと引き継がれますが、その28代目に当たるのが達磨（菩提《ぼだい》達磨《だるま》大師《たいし》）です。達磨はインドから中国へ渡って教えを伝えたため、両国の思想を反映した独自の性格を持つ「禅宗」が生まれました。禅宗は、中国では唐から宋の時代に発展し、国家宗教になるほど拡大しました。日本では主に鎌倉時代に広がります。

この禅宗における独特の思想を「禅」と呼びます。最大の特徴は「禅即行動」。つまり「身体での実践」を重んじています。学問として頭で知識を学ぶのではなく、身体を通して自分で体得することが大切なのです。

禅では、どんな人も本来「仏性《ぶっしょう》」という仏になる資質を備えていると考えます。仏性とは一点の曇りもない「本来の自己」のこと。厳しい修行を重ねることで煩悩、思い込みや執着などを削ぎ落としていき、やがて仏性に出会えるのです。

CHAPTER . 1
禅とは何か

What is
"Zen"?

日常の中で使ってこそ生きる教え

そこで、禅では経典《きょうてん》（文字や言葉）よりも、とにかく身体に意識を向けます。修行の中心となるのは坐禅です。坐禅の基本は「調《ちょう》身《しん》・調息《ちょうそく》・調心《ちょうしん》」です。姿勢を調えることで（調身）、呼吸が深まり（調息）、五感が研ぎ澄まされます。すると頭で悩んでいたことも整理され、心が落ち着く（調心）ということです。

また、過去や未来ではなく「今この瞬間」「自分がやるべきこと」だけに集中します。どうにもならない他の人の考え方や過去の行動、こうなったらどうしようという心配に振り回されず、現実に、今、自分がなすべきことに誠心誠意尽くすのみと考えます。

禅の思想を凝縮した言葉「禅語」の一つ、「主人公」とは、主体的でありながら、何にもとらわれない自由な自分という意味です。禅には、さまざまなストレスを抱える現代人にとって、「主人公」として自分を見失わず、前を向いて生きるためのヒントが詰まっています。日常生活で本格的な修行は難しくとも、気づいたときに坐禅をしたり禅語を眺めてみるだけでも、心に変化があるはずです。

なぜ、今
禅が求められるのか

最高の人生を生きるための考え方

歴史に名を残す名将や剣豪も傾倒した

鎌倉時代に日本に広まった禅は、現代でも、厳しい競争にさらされる経営者や指導者、政治家、知識人などを中心に、世界的に求められています。そもそも禅は、特に世の中が混乱しているときに受け入れられてきました。鎌倉時代の戦乱の中、誰が国を獲るか、親子や兄弟ですらも騙し合い領土を奪い合う争いが続き、何を信じればいいのかという不安や、明日死ぬかもしれないという恐怖が人々に広がります。そんなとき「今この瞬間こそが大事で、生きている間は生き切る、死ぬときは死に切ればいい」と説く禅は、戦に身を投じる武士たちに受け入れられました。

鎌倉幕府の北条時頼《ほうじょうときより》は建長寺を開き、蘭渓道隆《らんけいどうりゅう》に師事し、その子北条時宗《ほうじょうときむね》は鎌倉の円覚寺の開山・無学祖元《むがくそげん》に帰依し、室町幕府を開いた足利尊氏《あしかがたかうじ》は京都の天龍寺の開山・夢窓疎石《むそうそせき》に師事します。武田信玄は山梨の恵林寺《えりんじ》住職・快川紹喜《かいせんじょうき》と、剣豪・柳生宗矩《やぎゅうむねのり》は京都の大徳寺や宗鏡寺の沢庵宗彭《たくあんそうほう》との深い親交があり、宮本武蔵は熊本の雲《うん》巌禅寺《がんぜんじ》にある霊巌洞《れいがんどう》で、剣術の『五輪書《ごりんのしょ》』を記しました。

一方で現代はリストラや経営方針の変更など、状況が目まぐるしく変わり、情報操作も多い時代。何を・誰を信じていいか迷いやすい点で、現代もまた戦国時代と同じなのでしょう。ぶれない自己を唱える禅に、心の拠り所を求めるのかもしれません。

さらに禅の基本でもある坐禅に注目が集まり、ビジネスシーンを中心にマインドフルネス瞑想のブームも起こっています。科学の発達により脳波やホルモンの測定が可能となり、医学的にも坐禅の有効性が認められ始めています。

とはいえ、「～のため」という有効性を求める発想は、もともと禅にはありません。成果を先に求めることは、それに執着しているのと同じです。何を信じたらいいかという問いにも、禅では、自分自身を信じて生き抜くしかないと考えます。一度しかない人生、心を強く持ち、「今」、なすべきことだけに全力を傾けられる自分を、身体の実践「行」を通して作る。それを修めるから「修行」です。結果的に、悟りを目指す禅僧でなくとも、どんな人でもパフォーマンスを上げ、成果もついてきます。禅とは、自分の身体で最高の人生を生きるための、実践的な考え方なのです。

禅の簡単な歴史

インドでの始まり

禅の起源は、インドでお釈迦様（仏陀）が坐禅をして悟りを開いたところから始まった仏教です。インドでは仏教を戒学《かいがく》・定学《じょうがく》・慧学《えがく》という三学《さんがく》に分けて理解していました。戒学は行動を正して悪いことを行わないこと、定学は坐禅によって煩悩を手放していくこと、慧学は経典の研究です。貧しく苦しい人が多いインドの社会では輪廻転生が説かれ、現世、来世へと、人は生死を繰り返しながら、最後には仏になると考えられていました。

中国での発展と達磨の教え

お釈迦様の教えは弟子へと引き継がれていき、その28代目がインドに生まれた達磨でした。達磨は6世紀の初め頃に中国へ渡り、布教に努めます。もともと中国はインドとは違い、来世よりも今生きている現世を中心にした考え方が主流でした。

中国ではより実践的な定学を中心にした教えが広まり、戒学、慧学も吸収されていきます。こうして6世紀前半の南北朝時代には、宗教集団として「禅宗」が確立されます。達磨は、理論よりも坐禅の「実践」を重んじ、現在に続く禅宗を築き上げたため、禅宗の開祖（初祖）といわれます。

北宗禅と南宗禅

達磨のあとは、二祖・慧可《えか》、三祖・僧璨《そうさん》……と、教えは継がれていきます。四祖・道信《どうしん》の時代に集団で修行が行われるようになり、五祖・弘忍《こうにん》（※1）の時代には、７００人以上の弟子がいたといわれます。この多くの弟子の中に、神秀《じんしゅう》と慧能《えのう》という際だつ２人の逸材がいました。のちにこの２人による激しい後継ぎの闘争が行われ、禅はそれぞれ、神秀による北宗禅と、慧能による南宗禅とに分かれます。北宗禅は修行を重ねながら徐々に悟りに向かう「漸修《ぜんしゅう》主義」を、南宗禅は一挙に悟る「頓悟《とんご》主義」を掲げていました。（※2）

※1　臨済宗では弘忍を「ぐにん」と読みます。
※2　北宗禅にも頓悟の思想があったことが近年の研究でわかっています。
※3　宗派名の由来には諸説あります。
※4　栄西、道元の２人の前にも日本に禅は伝えられていますが、根付きませんでした。

最終的に北宗禅は衰え、南宗禅を起こした慧能が六祖となり、現在まで伝わっています。

五家七宗へ

南宗禅はさらに、南嶽懐譲《なんがくえじょう》と青原行思《せいげんぎょうし》の二系統に分かれていきます。唐の時代には、南嶽懐譲の系統から臨済宗と潙仰宗《いぎょうしゅう》が、青原行思の系統からは曹洞宗と、のちに雲門宗《うんもんしゅう》、法眼宗《ほうがんしゅう》が派生しました。宋の時代になると、臨済宗は黄龍《おうりゅう》派《は》・楊岐《ようぎ》派《は》に分かれます。これらをまとめて、五家七宗と呼びます。

五家のうち、現在まで伝わっているのは、臨済宗と曹洞宗だけです。臨済宗の祖は臨済義玄《りんざいぎげん》ですが、曹洞宗は洞山良价《とうざんりょうかい》・曹山本寂《そうざんほんじゃく》の２人で、両名の名が「曹洞宗」の由来です。（※3）

日本での展開：臨済宗・曹洞宗・黄檗宗

日本には、臨済宗・曹洞宗・黄檗宗の三宗がありますが、鎌倉時代の初めに明庵栄西《みんなんようさい》が臨済宗（黄龍派）を、永平道元《えいへいどうげん》が曹洞宗を伝えたとされます。（※4）栄西は鎌倉で北条政子（当時、すでに亡き源頼朝の妻）に迎えられ寿福寺を開山し、その後は源頼家の帰依を受けて建仁寺を京都に開きます。栄西は天台宗や真言宗と禅を併せて広く布教しました。本格的な臨済禅の伝播は蘭渓道隆《らんけいどうりゅう》の渡来になります。

一方、道元が伝えた曹洞宗では、中央や時の権力を嫌い、修行についても他の宗派と兼ねることを強く戒めました。深山幽谷の地（現在の福井県）に大仏寺を開き、のちに永平寺と改称します。直接伝授された正しい師の教えを、たとえ一人にでも伝えようと尽くしました。

時を経て江戸時代に最後の一つ、黄檗宗は中国・明の時代の臨済禅として、隠元隆琦《いんげんりゅうき》によって伝えられました。京都の宇治に萬福寺《まんぷくじ》を開創し、臨済、曹洞だけでなく日本の僧が隠元に大きな刺激を受けます。中国の明朝様式の建築、普茶料理、煎茶など、独特の華やかな文化も影響を与えました。

禅の成り立ち

インド・中国編

B.C. 5世紀
インド

釈迦
（仏陀）

仏教を開く

釈迦の教えは継がれていく（摩訶迦葉《まかかしょう》／阿難陀《あなんだ》／商那和修《しょうなわしゅ》……）

インド仏教の3つの教え

- **戒学**《かいがく》　戒律を守り正しく行動する
- **定学**《じょうがく》　坐禅で煩悩を手放す
- **慧学**《えがく》　経典を研究する

南北朝時代（439-589）
6世紀初め頃
中国

禅宗の開祖
（仏教の第28祖）

達磨
（ボーディダルマ）

中国へ渡り禅宗を開く

中国では**定学**《じょうがく》を中心に「**禅**」となる

達磨の教えも継がれていく（慧可《えか》［二祖］／僧璨《そうさん》［三祖］／道信《どうしん》［四祖］）

禅宗の発達

中国では禅宗が宗教集団として確立
坐禅の「実践」が重んじられた

唐（618-907）
中国

弘忍《こうにん》**［五祖］**

北宗禅
神秀《じんしゅう》
「**漸修**《ぜんしゅう》**主義**」修行によって段階を経て悟る
→ **北宗禅は衰退**

南宗禅
慧能《えのう》［六祖］
「**頓悟**《とんご》**主義**」修行の中で一挙に悟る

唐(618-907)
宋(960-1279)
中国

慧能《えのう》［六祖］
南宗禅

青原行思《せいげんぎょうし》
南嶽懐譲《なんがくえじょう》

五家七宗

法眼宗《ほうがんしゅう》
雲門宗《うんもんしゅう》
曹洞宗
潙仰宗《いぎょうしゅう》
臨済宗

曹山本寂《そうざんほんじゃく》
(840-901)

洞山良价《とうざんりょうかい》
(807-869)

曹洞宗の祖

臨済義玄《りんざいぎげん》
(?-866／867)

臨済宗の祖

楊岐派《ようぎ》
黄龍派《おうりゅう》

日本へ…

曹洞宗として道元が伝える

多くの渡来僧・入宋僧・入元僧によって伝えられる
現在の臨済宗・黄檗宗のルーツ

臨済宗として栄西が伝える
その後衰退

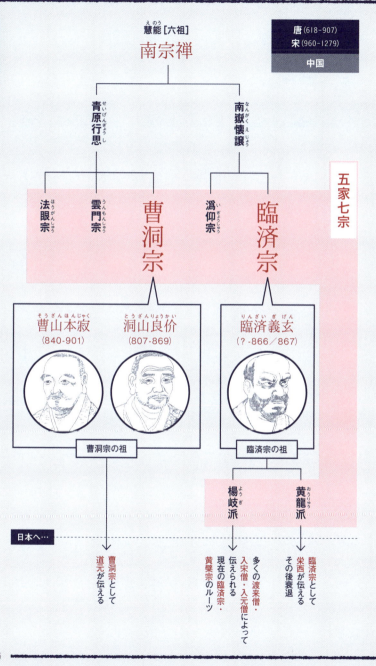

日本編

鎌倉時代

明庵栄西《みんなんようさい》
(1141-1215)
日本に
臨済宗を伝える

永平道元《えいへいどうげん》
(1200-1253)
日本に
曹洞宗を伝える

室町時代

臨済宗：武家政権と結びつきが強く主な寺院は官寺に。幕府や朝廷が定める寺院の格付け「五山十刹」制度によって選定された。

曹洞宗：中央権力とは距離を置き、各地で主に地方の武士や豪族、一般の民衆の支持を得ながら発展していく。

江戸時代

隠元隆琦《いんげんりゅうき》
(1592-1673)
中国・明から来日
黄檗宗を開く※

現在の日本の三大禅宗

- 臨済宗
- 曹洞宗
- 黄檗宗

鎌倉時代に禅が拡大した

道元は宋で学んだ中国の純粋禅を日本に持ち帰り、越前の大仏寺（のちの永平寺）を拠点にする。一方、栄西は鎌倉幕府の庇護下で布教していく。

この時代、大日房能忍《だいにちぼうのうにん》によって「日本達磨宗」も開かれたものの、のちに曹洞宗に吸収された。

武士階級を中心に日本で禅宗が拡大したが、救いを求める人も多く、浄土宗や日蓮宗など「鎌倉仏教」も流行した。

日本の三大禅宗

黄檗宗

伝えた人

隠元隆琦

伝えられた年

1654年（承応3年）

特徴

- 日本にいた中国人僧たちに請われて隠元が来日。室町中期以降、修行が行われず停滞していた日本の禅宗・禅僧たちに強い影響を与えた。
- 僧侶以外の帰依者も多かった。
- 普茶料理、煎茶など中国式の文化を伝えた。

主な寺院

- 徳川幕府の庇護下で、京都の宇治に開山。

黄檗山萬福寺《おうばくさんまんぷくじ》

※中国で隠元は臨済宗に属していたため、来日後は臨済宗黄檗派と呼ばれ、明治時代になってから黄檗宗が正式名称となる。

曹洞宗

伝えた人

永平道元

伝えられた年

1227年（安貞元年）

特徴

- 幕府などの権力から離れ、深山幽谷で厳しい修行を行い、ただひたすら壁に向かい坐禅をすることを重視した。
- 「典座教訓《てんぞきょうくん》」を含む『永《えい》平清規《へいしんぎ》』や『正法眼蔵《しょうぼうげんぞう》』など道元による多くの著書がある。
- 主に地方に広がり、民衆や地方の武士、豪族などに強い影響を与えた。

主な寺院

- 大本山總持寺《そうじじ》が開山され、以降は全国に広がった。

大本山永平寺（福井県）
大本山總持寺（神奈川県）

臨済宗

伝えた人

明庵栄西

伝えられた年

1191年（建久2年）

特徴

- 鎌倉幕府の支援のもと、福岡に報恩寺、博多に聖福寺、鎌倉に寿福寺、京都に建仁寺を開創。
- 坐禅は、最中に師が「公《こう》案《あん》」（禅問答となる問題）を出す「看話禅《かんなぜん》」という対面形式で行う。
- 江戸時代、白隠慧鶴《はくいんえかく》によって復興された。

主な寺院

- 将軍家と強く結びつき、主な寺は五山十刹に選定された。

京都五山　南禅寺（別格）・天龍寺・相国寺・建仁寺・東福寺・万寿寺

鎌倉五山　建長寺・円覚寺・寿福寺・浄智寺・浄妙寺

達磨大師とは何者か

インドから中国へ禅を伝えた祖師

伝説も多い禅宗の開祖

達磨は禅宗の開祖として達磨大師（尊称）と呼ばれ、日本でも親しまれています。お釈迦様から始まった仏教の教えは弟子を経て、28代目に当たる達磨に引き継がれ、達磨が禅宗を確立しました。

そんな達磨はもともと南インドの香至国《こうしこく》に第3王子として生まれました。あるとき香至国を訪れた27代目の高僧、般若多羅《はんにゃたら》に見出されて、修行に励むことになります。その後6世紀にインドから南北朝時代の中国（梁《りょう》）に渡り、禅の教えを伝えました。梁の国王・武帝《ぶてい》との禅問答は有名です。達磨は武帝に「寺を建てたりしたが、功徳はあるか」と問われ「無功徳（何もない）」と答え、さらに「お前は何者か」と問われ「不識（知りません）」と答えます。

武帝に理解されない達磨は、山奥の嵩山少林寺《すうざんしょうりんじ》にこもります。悟りを求め壁に向かって9年も動かぬまま坐禅をしたといいます。そのとき少林寺を訪れ弟子入りを懇願し、腕を切り落として覚悟を見せたというのが、のちに二祖となる慧可《えか》です。その後、三祖の僧《そう》璨《さん》、四祖の道信《どうしん》、五祖の弘忍《こうにん》へと禅の教えは引き継がれていきます。

達磨DATA

尊称
達磨大師
達磨さん

本名
菩提多羅《ぼだいたら》
ボーディダルマ
Bodhidarma

正式名称
震旦《しんたん》初祖《しょそ》円覚大師《えんがくだいし》
菩提達磨《ぼだいだるま》大和尚《だいおしょう》

「ダルマ」の意味
サンスクリット語で
「法」

出身
南インドの
香至国《こうしこく》
(第3王子)

「禅宗」の開祖
お釈迦様から数えて
28代目に当たる

伝説
死後、靴を携えて
故郷のインドへと
帰る姿が
目撃されている

師匠
般若多羅《はんにゃたら》

「達磨の四聖句」とは

禅を知るための4つの言葉

禅の根本的な教えが凝縮された標語

禅は修行によって自らが体得することを目指しています。そんな禅の思想を簡潔に表現したのが、達磨が亡きあと、宋の時代にまとめられた「不立文字《ふりゅうもんじ》」「教外別伝《きょうげべつでん》」「直指人心《じきしにんしん》」「見性成仏《けんしょうじょうぶつ》」という「達磨の四聖句」です。

「不立文字」とは、本当に大切な真理は言葉や文字で伝えることはできず、自らの体験と実践を重視するということです。「教外別伝」とは、経典ではなく、体験を土台に教えを師から弟子へ、直接伝えることです。これには拈華微笑《ねんげみしょう》という話があります。お釈迦様が弟子たちに説法をしたとき、1本の蓮の花をつまみあげて見せます。そのとき摩訶迦葉《まかかしょう》という弟子だけが微笑み返しました。お釈迦様の真実の教えが、言葉や文字に頼らずとも、摩訶迦葉の心には正しく伝わったのです。

「直指人心」とは自己を見つめ仏性（本来の自己）に気づくということ、「見性成仏」とはその仏性を自覚し悟りを開くということです。この4つは悟りに至るまでの教えとして、つなげて解釈します。

禅の基本となる 4つのキーワード

教《きょう》外《げ》別《べつ》伝《でん》

真理の教えは経典などではなく、師から弟子へ体験として直接伝えていくということ。

不《ふ》立《りゅう》文《もん》字《じ》

文字や言葉には限界があるため、自らの体験を重視し、ひたすら坐禅を実践するということ。

直《じき》指《し》人《にん》心《しん》

じっくり自分の心の奥底を見つめて、仏性（本来の自己）に気がつくということ。

見《けん》性《しょう》成《じょう》仏《ぶつ》

誰もが持つ自分の中にある仏性を自覚すれば仏になれる、つまり悟りが開けるということ。

DARUMA'S POINT

01

インド仏教が中国で独自に発展したものが禅宗である

02

禅宗の思想である「禅」とは知識より自分の身体＝「実践」で学ぶもの

03

まずは基本の「調身《ちょうしん》・調息《ちょうそく》・調心《ちょうしん》」から。姿勢と呼吸を調えると心も調ってくる

二章

禅の実践

～修行体験に行く～

禅は「行動・実践すること」を重視するらしい。
禅に少し興味を持ち始めた主人公・高橋。
そんなとき、部署に「修行体験」の
業務命令が下されたが……。

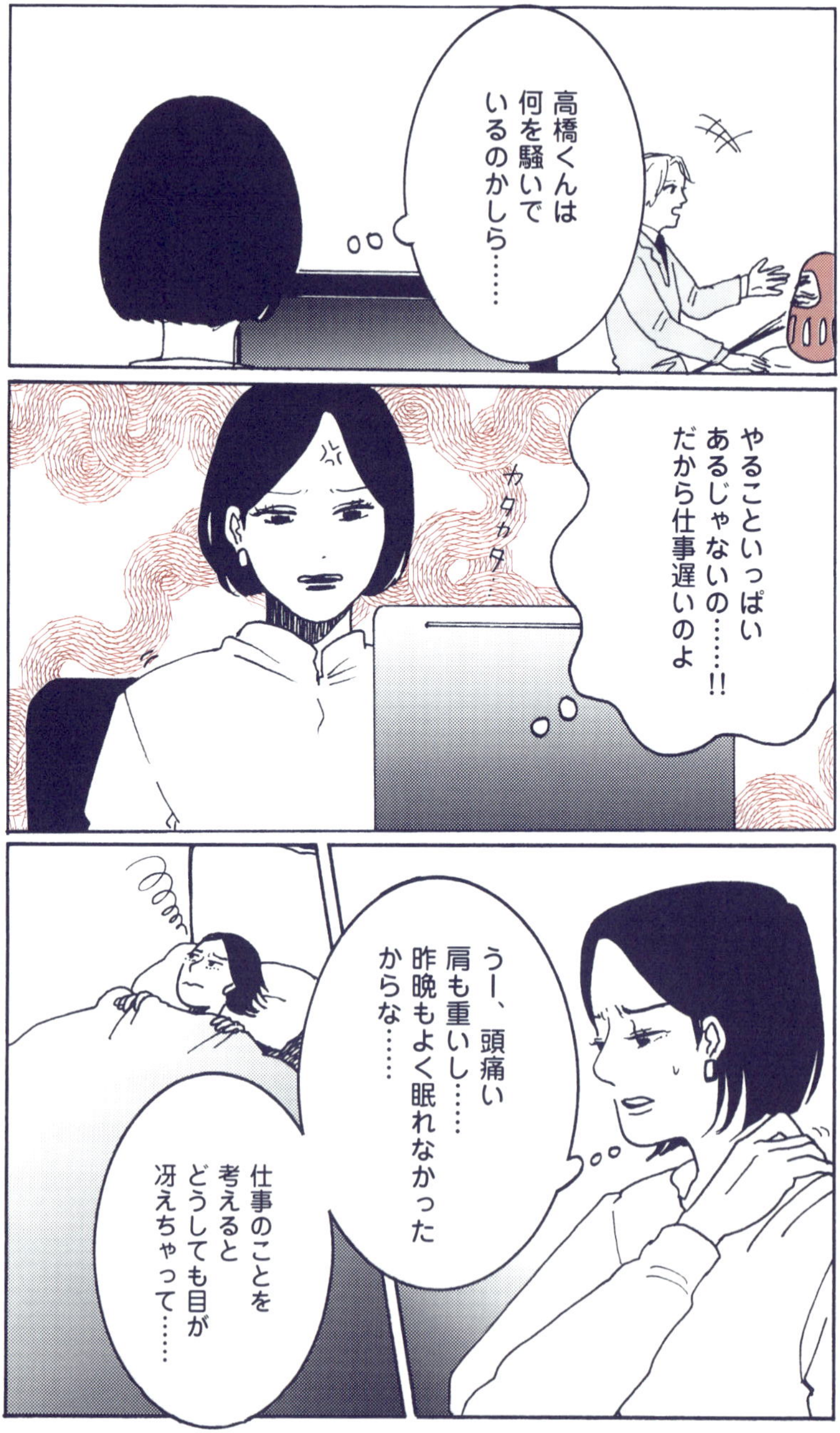
高橋くんは何を騒いでいるのかしら……
やることいっぱいあるじゃないの……!!だから仕事遅いのよ
カタカタ…
うー、頭痛い肩も重いし……昨晩もよく眠れなかったからな……
仕事のことを考えるとどうしても目が冴えちゃって……

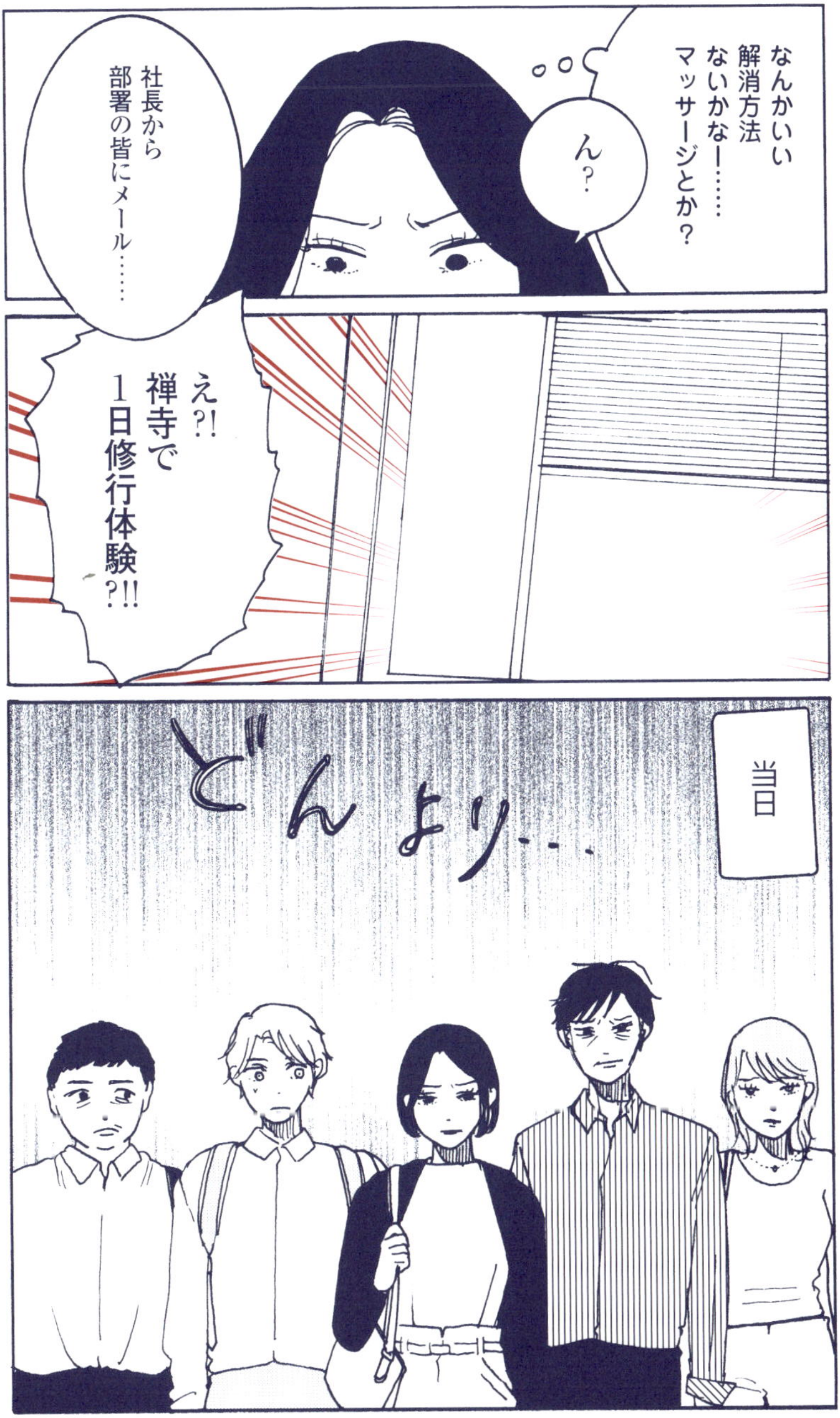

なんかいい
解消方法
ないかなー……
マッサージとか？
ん？
社長から
部署の皆にメール……
え?!
禅寺で
1日修行体験?!!
当日
どんより…

なんで休みの日に
会社の人たちと……
また子供の面倒
見れなくて
嫁に怒られた……
修行なんて
意味あるのかしら？
禅の修行って
どんなものだろう？
早く帰って
酒飲みたいな
あ、
あそこっぽい
ですね！
今日はよろしく
お願い致します

坐禅
イタタ…
うとうと…
薬石《やくせき》
読経《どっきょう》
つまんな〜い…
作務《さむ》
腰が痛い…

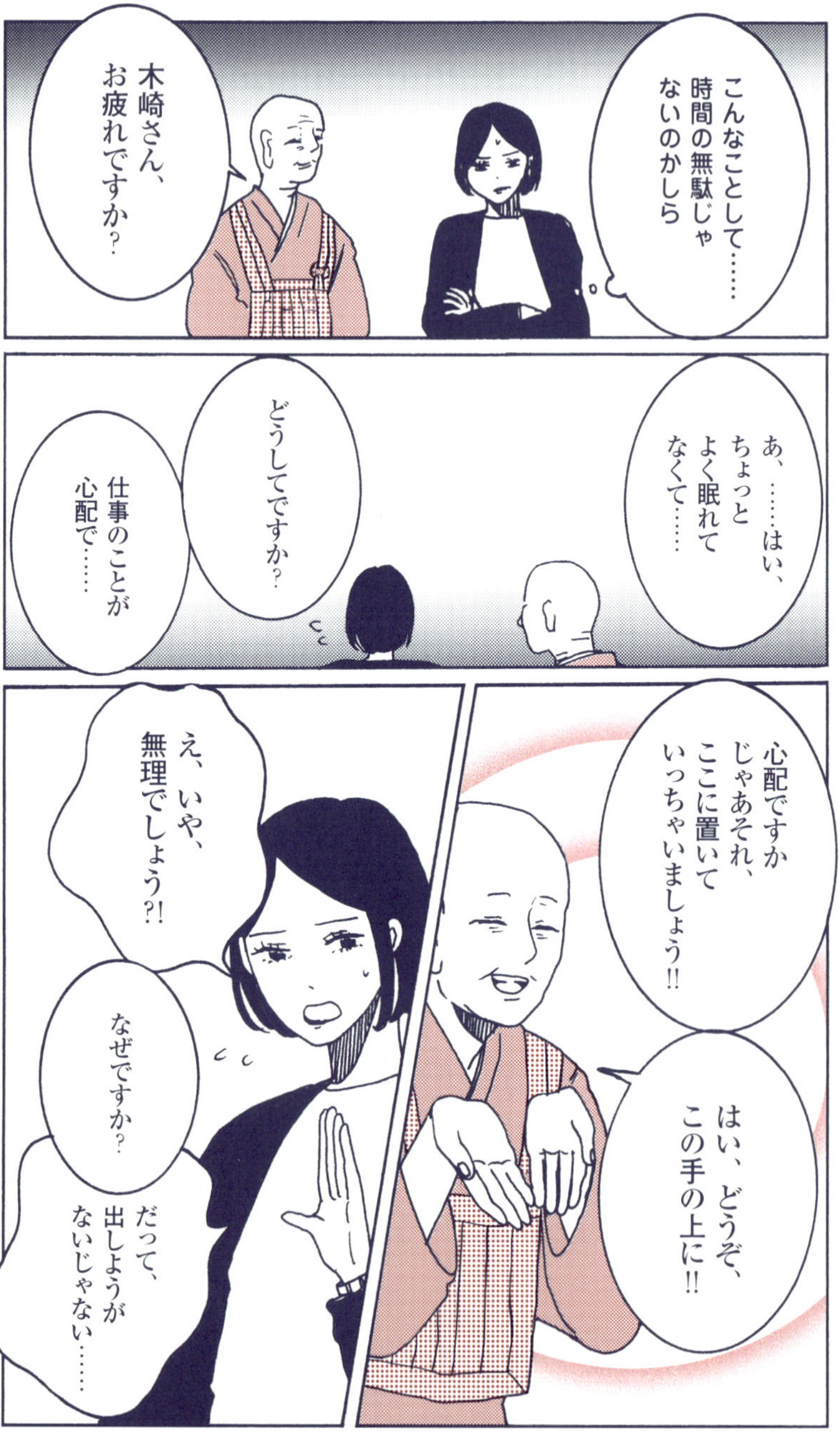

こんなことして……時間の無駄じゃないのかしら
木崎さん、お疲れですか？
あ、……はい、ちょっとよく眠れてなくて……
どうしてですか？
仕事のことが心配で……
心配ですかじゃあそれ、ここに置いていっちゃいましょう!!
え、いや、無理でしょう?!
はい、どうぞ、この手の上に!!
なぜですか？
だって、出しようがないじゃない……

そう、実体がないんですよ
心配、不安、悩み事
そういう実体のないものにとらわれずに生きていく
それも禅の教えです
ちょっとー!! 木崎さんなに休憩してるんですかー!!
ズルーイ!!
そうだぞ、俺だって腰が痛いのにやっているんだ協力しろよ!
ええっ?!

ちょっとお手洗い行ってきま〜す
あ、水曜は早退しま〜す
え?いやそれは俺の仕事じゃないし
俺はずーっと働いてるから!!
そんなの……普段サボってばっかりの篠原さんにも
自分のこと以外は我関せず、な守屋さんにも言われたくないですね!!
なんだなんだ
険悪〜
どうした?
まあまあ

皆さんは「諸法無我《しょほうむが》」という仏教用語をご存じですか
世の中に、単独で自立する存在はなく
さまざまな縁で自分が成り立ち、お互いに生かし合いながら生活する
つまりチームワークにおいてとても大切な要素なんですよ

お互いに生かし合うこと……
それもチームワークになるのか……
今日体験いただいた修行とは、身体を動かして調えることで
自らを律して心の平安を得ることです
これがまさに禅の教えなのです
ですので、まずは普段の姿勢から気をつけてみるのがいいかもしれません

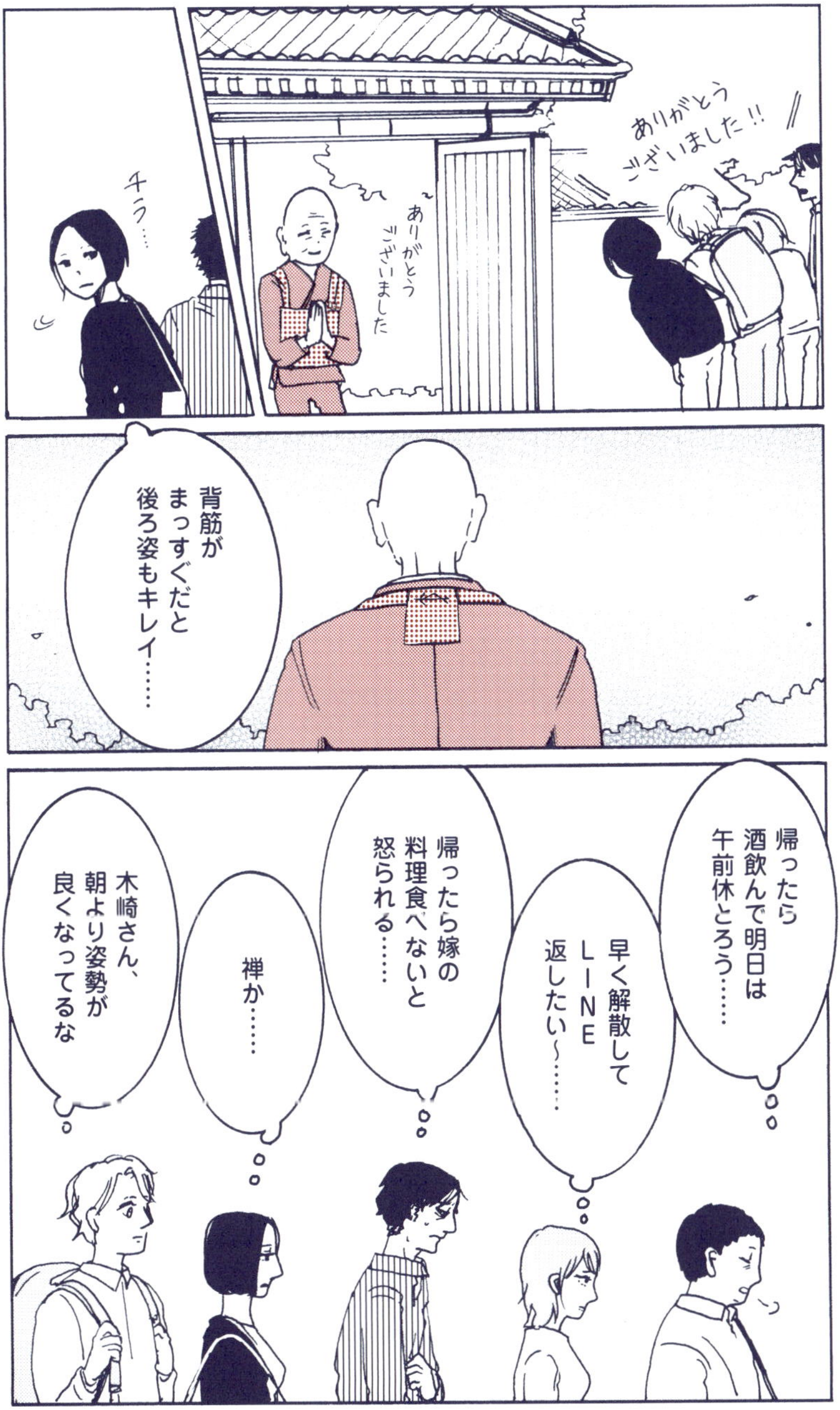
ありがとうございました!!
ありがとうございました
チラ……
背筋がまっすぐだと後ろ姿もキレイ……
帰ったら酒飲んで明日は午前休とろう……
早く解散してLINE返したい~……
帰ったら嫁の料理食べないと怒られる……
禅か……
木崎さん、朝より姿勢が良くなってるな

さっきのチームワークもそうだけど、禅って……
案外身近な考え方なのかしらね
もん もん
うーん……部署のメンバーの良いところを生かせる働き方……
はーっ
まったく眠れない……
うーん
ちょっとだけ坐ってみようかな……

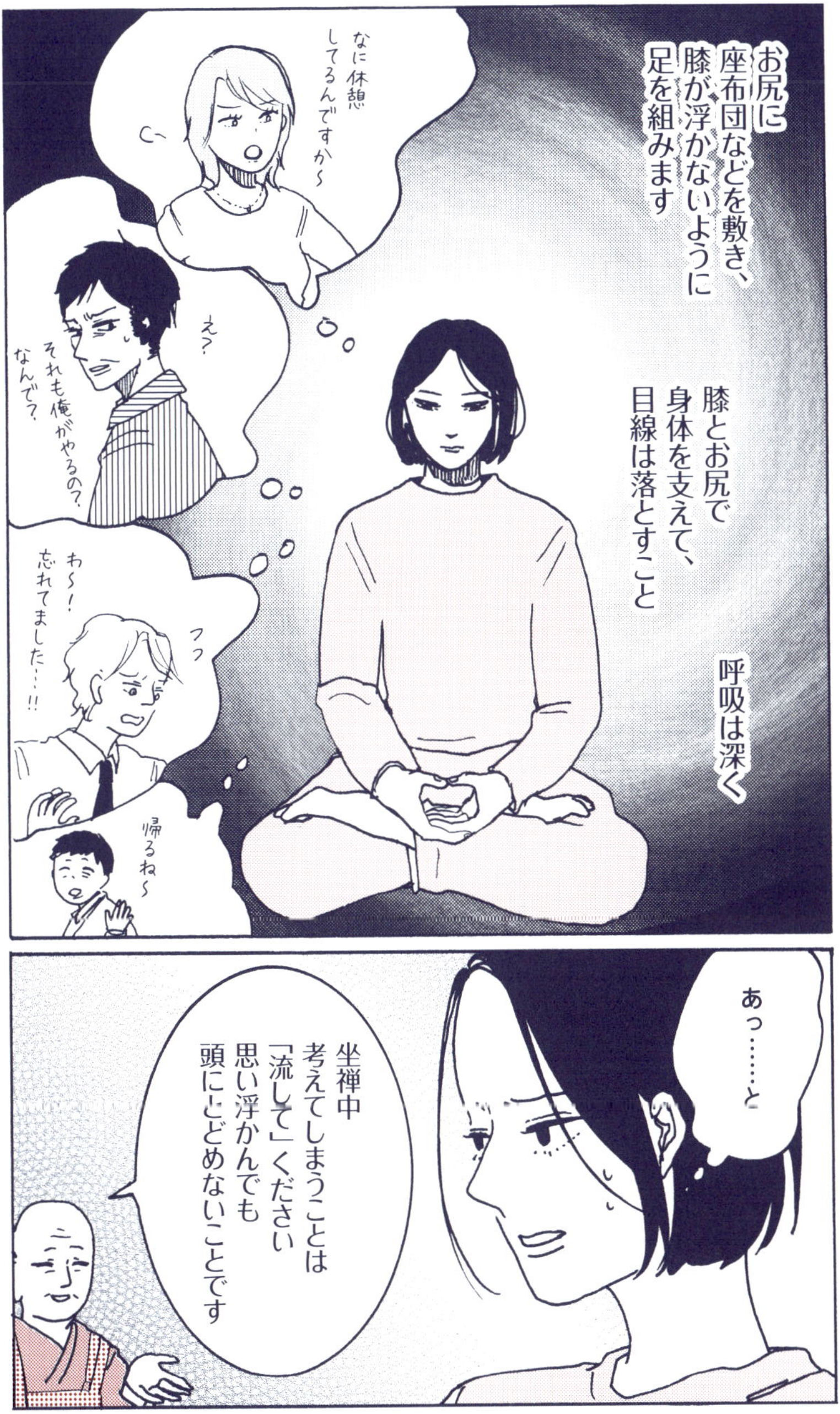
お尻に座布団などを敷き、膝が浮かないように足を組みます
なに休憩してるんですか～
え？
それも俺がやるの？なんで？
膝とお尻で身体を支えて、目線は落とすこと
呼吸は深く
わ～！忘れてました…!!
フフ
帰るね～
あっ……と
坐禅中考えてしまうことは「流して」ください思い浮かんでも頭にとどめないことです

しばらく続けてみよう
……あ
食べながら仕事すると姿勢が悪くなる
食べるときは食べよう
寝る前は
坐ってみる
おっと
猫背に注意…
坐る…

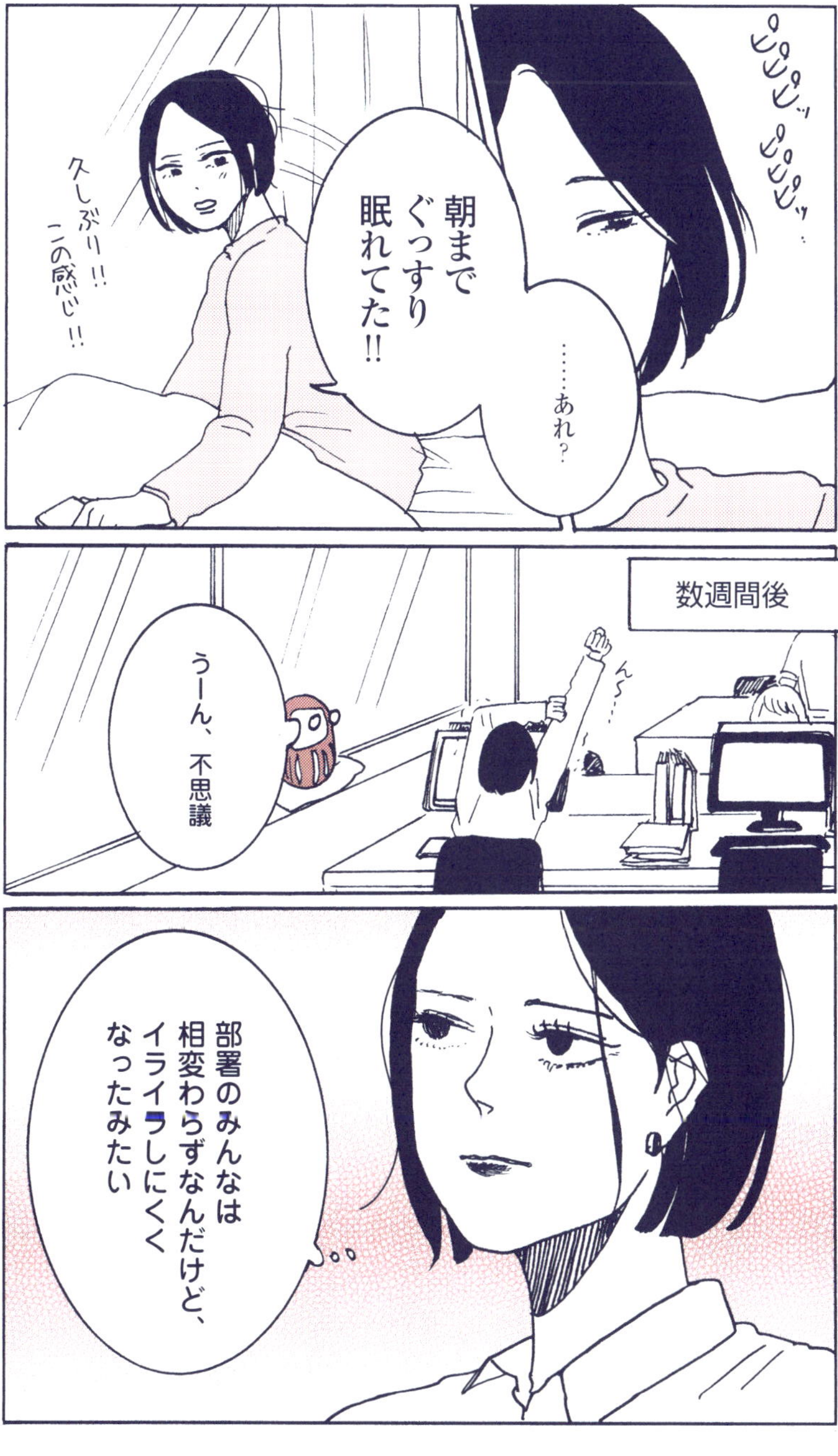
ピピピピッ
ピピピピッ…
……あれ？
朝までぐっすり眠れてた!!
久しぶり!!
この感じ!!
数週間後
ん〜…
うーん、不思議
部署のみんなは相変わらずなんだけど、イライラしにくくなったみたい

自分に余裕が生まれるとわかるけど
ブッブッ
人によって進めやすい方法って違うものよね……
高橋くんには慌てないよう一つずつ順を追って説明したり
逆に守屋さんは自分のペースがあるから全行程を最初に伝えたり
そう、それを対機説法《たいきせっぽう》という!!
ビクッ
?!!!

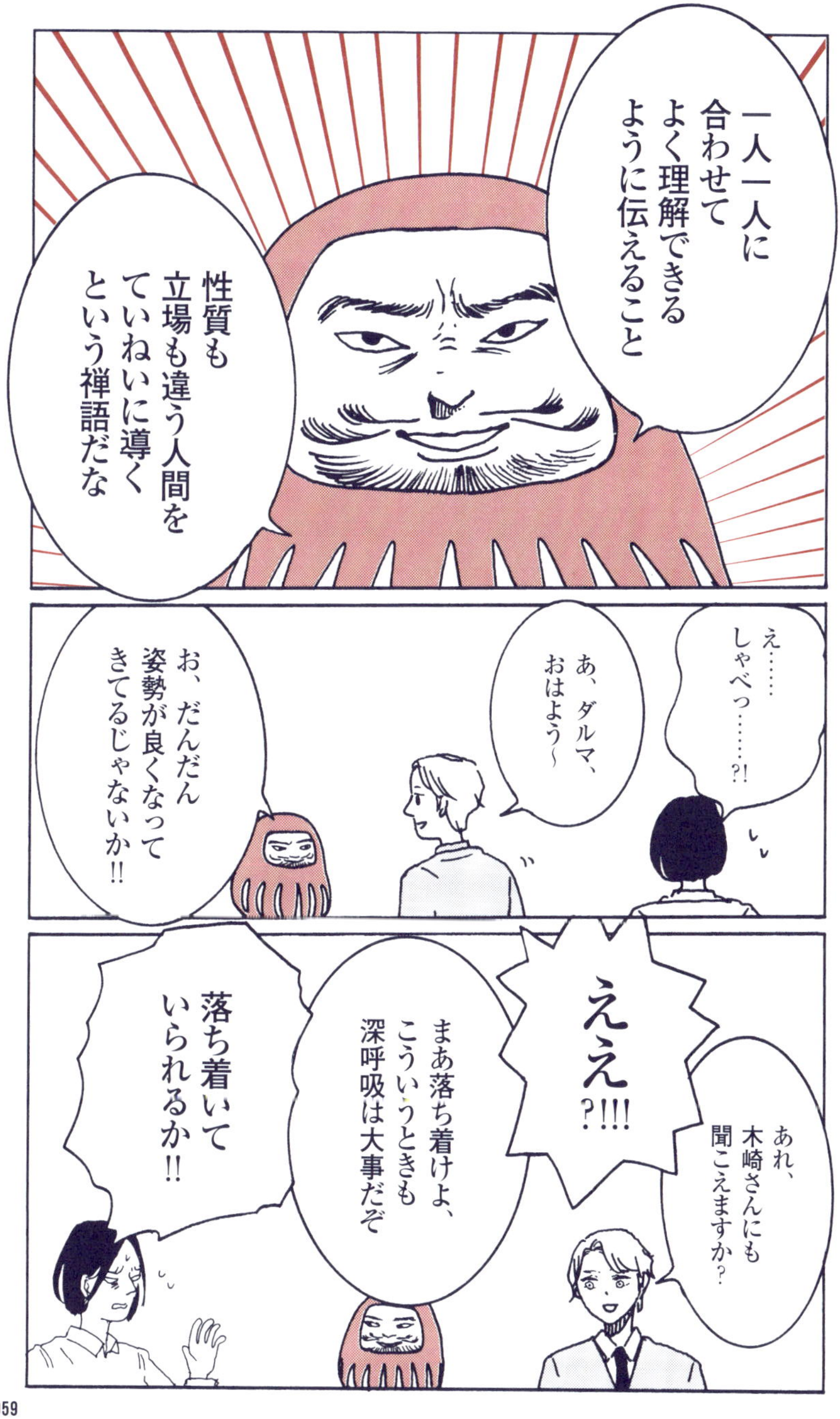

一人一人に合わせてよく理解できるように伝えること
性質も立場も違う人間をていねいに導くという禅語だな
え……しゃべっ……?!
あ、ダルマ、おはよう〜
お、だんだん姿勢が良くなってきてるじゃないか!!
あれ、木崎さんにも聞こえますか?
ええ?!!!
まあ落ち着けよ、こういうときも深呼吸は大事だぞ
落ち着いていられるか!!

禅の修行とは

坐禅・読経《どっきょう》・作務《さむ》の3本柱

日常生活の行いすべてを修行ととらえる

禅では、日常での行動すべてが修行となり、精神も身体も鍛える意味を持っています。実際の修行では修行道場（僧堂）に生活の場として畳一畳分の「単《たん》」というスペースが与えられ、寝食も坐禅修行もすべて、このスペースの中で行います。

修行は大きく、坐禅・読経（お経をあげること）・作務で成り立っています。鐘などの合図に沿って、毎日この3つを繰り返し、分刻みで決められた時間内で行います。作務とは、掃除を中心に、寺院の修繕などの環境整備や法要の受付、農作業などの労務のことです。修行道場の立地条件などによって異なりますが、いずれも精神修養のための大切な修行です。また、修行体験でも人気の坐禅は、宗派によって行い方に違いがあります。

修行僧のような厳格な修行でなくとも、日常生活に修行のエッセンスを取り入れるだけでも、生活のリズムは調い、身体の感覚が着実に変わっていきます。実践してみましょう。

各宗派の坐禅の特徴

お釈迦様は菩提樹の下で7日間の坐禅修行によって悟りに至り、
達磨は9年間、少林寺で壁に向かって坐り続けたといわれます。
そんな坐禅は宗派によって作法が異なります。

臨済宗

看話禅《かんなぜん》、公案禅《こうあんぜん》

坐禅の最中に師が弟子に「公案」という問いを与え、弟子は坐りながらそれを解くことに努める。修行者同士は向かい合って坐る。

警策※の受け方

まず指導者が修行者の右肩に軽く警策を当て予告をする。互いに合掌・礼をし、修行者は首を左に傾け頭を下げる。坐禅は対座のため、前方から右肩に受ける。

曹洞宗

黙照禅《もくしょうぜん》

ただひたすら黙々と「坐ることそのもの」に全身全霊を傾ける。壁に向かって坐る。

只管打坐《しかんたざ》

悟りを求めて坐ろうとするのではなく、坐る姿がすでに悟った仏の姿だととらえる。

警策の受け方

坐禅は壁に向かって行うため、警策は後方から右肩に受ける。首を左に傾けるなど、基本的な受け方は臨済宗と同じ。

黄檗宗

念仏禅《ねんぶつぜん》

臨済宗の流れをくんだ看話禅をもとに念仏に公案を取り入れるなど（念仏公案）、念仏と坐禅が組み合わさっている。

公案《こうあん》

禅問答の問いともいえるもので、大きく分けて2つある。臨済宗では古則公案を、曹洞宗の開祖・道元は、現成公案を特に重んじていた。

古則公案《こそくこうあん》

古の禅僧たちが、どのような状況や契機で悟りを開いたかについて記されている。
特に重要なものが公案集としてまとめられている。

臨済宗：『碧巌録《へきがんろく》』『無門関《むもんかん》』など

曹洞宗：『従容録《しょうようろく》』など

現成公案《げんじょうこうあん》

今まさに目の前で起こっていることを題材として採り上げる。

※ 警策（P.71）は臨済宗では「けいさく」、曹洞宗では「きょうさく」と読み方も異なる。

正しい坐禅入門

禅の修行の基本で、自宅でも簡単にできます。静かに坐り身体を調えることで、心も自然に調えられていきます。

坐禅の心得

1. 調身《ちょうしん》：姿勢を調える

2. 調息《ちょうそく》：呼吸を調える

3. 調心《ちょうしん》：心を調える

1〜3の順を意識する

※坐禅のやり方・姿勢はどの宗派も同じだが作法に多少の違いがある。

正式に坐る時間は40分程度。慣れるまでは短時間からトライする。

「思考しない」

あらゆる考えを頭にとどめない。浮かんでくるのは仕方ないが、次から次へ流していくことが大切。やがて、何も考えない心地良い時間がくる。

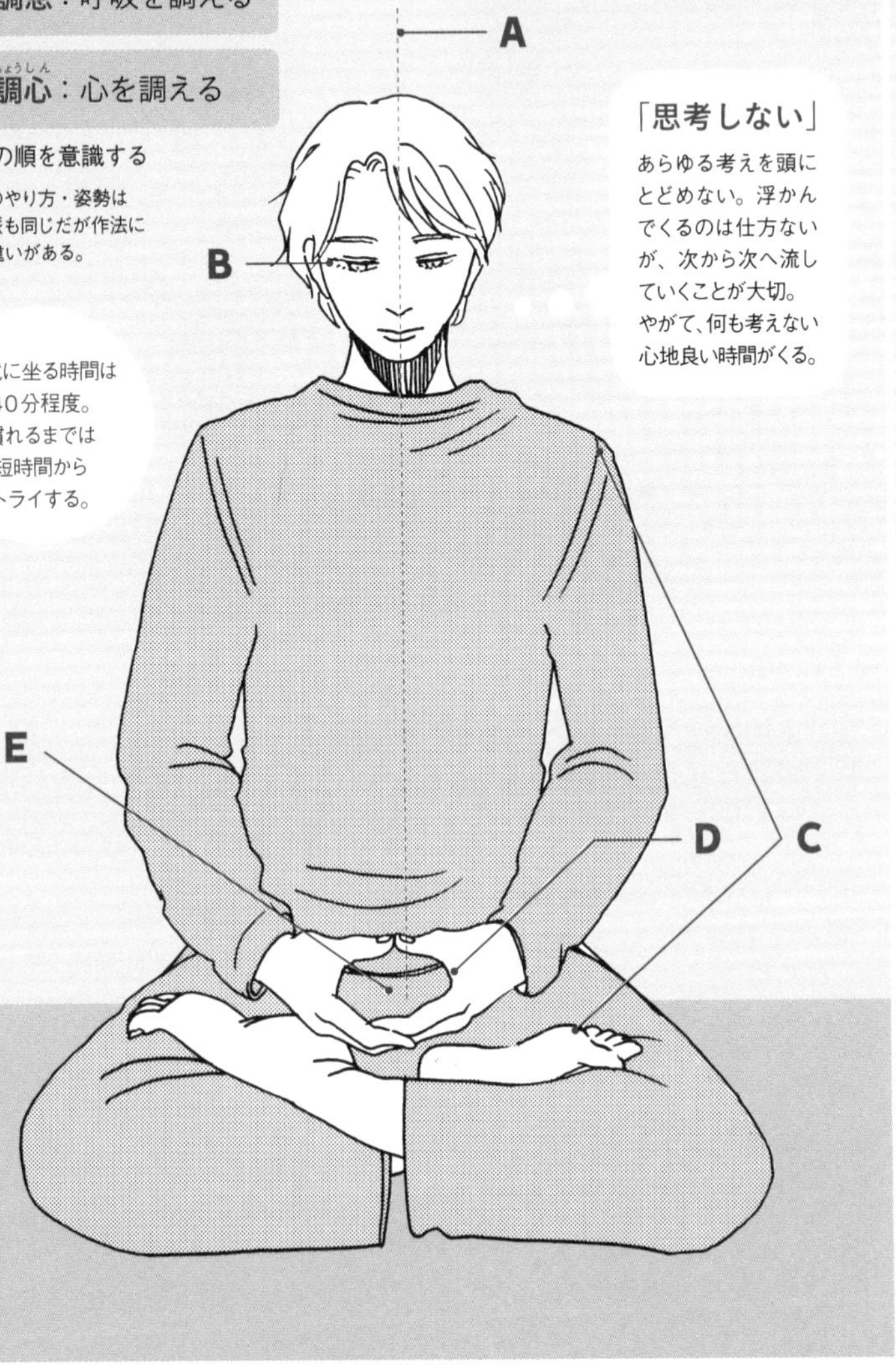

姿勢と坐り方

A

体の軸を意識

骨盤を立てて
頭頂部から
尾てい骨までの
身体の軸を意識し
背筋をのばす

B

半眼で視線は床に

約1m先の
前方を見て
視線を床に落とす
目は半眼のままで
閉じない

C

足を反対側の太ももへ

右足を左太ももに
左足を右太ももに
のせて
首や肩の力を抜き
ゆったりと坐る

D

右手、左手の順に

組んだ足の上に右手、
左手の順に手のひらを
上に向けて重ね、
親指をつけて
手を組む

ポイント

お尻、両膝の
3点で身体を支える

さまざまなことが
思い浮かんでも、
それにとらわれたり、
思いを消そうとしない
そのまま放っておき、
受け流す意識で

呼吸

E

丹田を意識

へそ下約75mm（2寸5分）の
丹田《たんでん》に意識を集中する

まずは息を深く長く吐き切り、
鼻からゆっくり吸う

心の中で息を静かに
数えながら集中力を高めて
呼吸を調えていく方法もある

坐禅の流れ

1

合掌する

最初にひじを少し張って両手のひらを合わせ、坐る場所に合掌します。

2

足を組む

右足を左太ももに、左足を右太ももにのせ、坐蒲《ざふ》または折った座布団に坐ります（結跏趺坐《けっかふざ》の場合）。

3

左右にゆらす

ゆれながらバランスをとり、お尻と両膝の3点で身体を支えて上体をのばします。

4

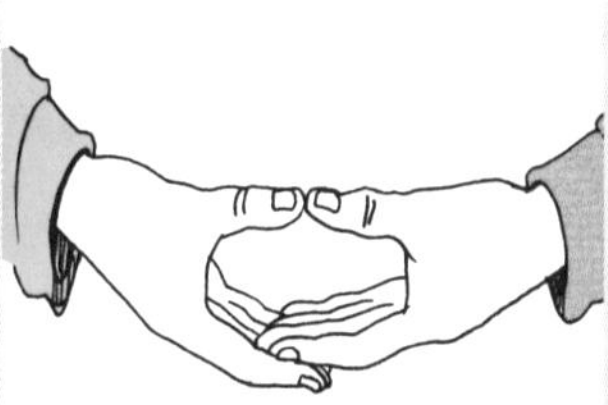

手を組む

４本指が重なるよう左手を右手の上に置きます（親指は軽く触れる程度）。

5

呼吸を調える

目は閉じず半眼のままです。まず息を深く長く吐き、鼻から吸い、口から吐く深呼吸を数回繰り返していきます。

6

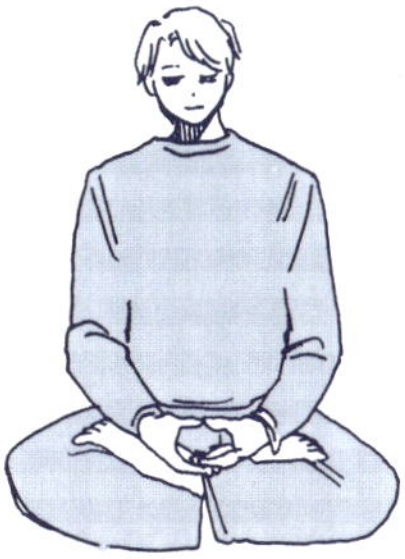

無心で坐る

鼻呼吸をゆっくり続けます。さまざまな思いが浮かんできてもそのまま流し、頭にとどめないようにします。

自宅で行うときのポイント

1
できるだけ邪魔の入らない集中できる場所を選び、身体を締めつけない服装で行いましょう。

2
寺では正式に坐蒲《ざふ》を使いますが、自宅では座布団などを二つ折りにして使います。結跏趺坐《けっかふざ》が難しい場合、片足のみ太ももにのせる半跏趺坐《はんかふざ》でもよいでしょう。

3
身体の軸を探り、上体を振り子のようにゆらして、安定する場所を見つけたら、どっしりと坐ります。

4
手を組み下腹につけて楽に置きます。

5
視線を落とし目は半眼の状態です。吐くことを重視します。呼吸は身体に任せて自然に行いますが、1から10まで数える「数息観《すそくかん》」という呼吸法もあります（息を「ひとー」で深く吐き「つ」で吸い、「ふたー」で吐き「つ」で吸うことを繰り返す方法です）。

6
正しく坐ると、先に身体が調うことで、心も調ってきます。

修行体験

修行僧のような修行を気軽に体験できる禅寺が増えています。「禅即行動」、ぜひ参加してみましょう。

※修行道場の立地や宗派によって掲載事項・流れが異なる場合があります。P.66～70は曹洞宗の例として解説しています。

1

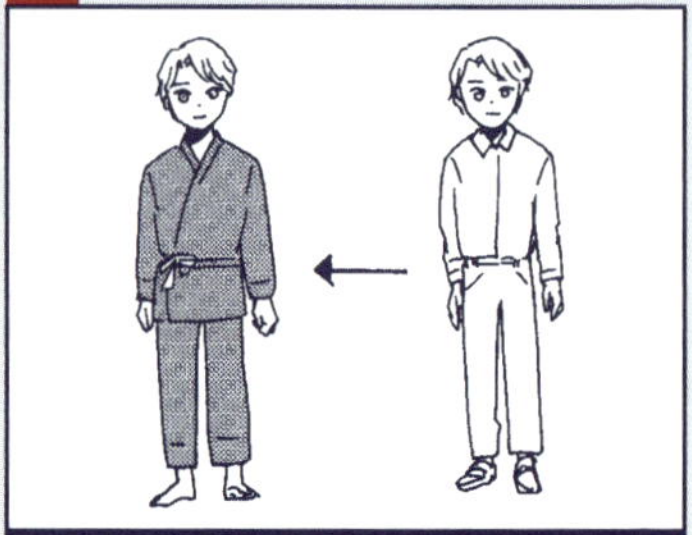

着替え

受付をして挨拶を済ませたら、作務衣《さむえ》や袴に着替えます。まずは身なりを調えることが修行の大前提です。

2

坐禅指導・修行の説明

坐禅をするにあたっての心構えや、正しい坐り方、修行の流れについてなどの説明を受けます。

3

移動

坐禅は坐禅堂で行うため移動します。立つときや歩くときは、親指を内にして握った左手を右の手のひらで覆い、胸に当てた叉手《しゃしゅ》にします。

4

坐禅

調身・調息・調心を意識して静かに坐ります。坐禅を続けて行う場合には途中で堂内や廊下を歩く経行《きんひん》が行われます。基本的には一炷《いっちゅう》（1回）の坐禅は約40分です。

5

薬石《やくせき》

精進料理を頂きます。禅宗で夕食のことを「薬石」といい、本来は修行僧の修行完成のための「薬」として、夕食をとります。

6

読経《どっきょう》

般若心経などの経文を、全員で腹から声を出して唱えます。「お経は耳で読む」とされ、他の人と声を揃えます。

7

開枕《かいちん》

入浴を手早く済ませたら就寝です。午後9時にはいっせいに床に就きます。僧堂では修行僧に「単《たん》」という畳一畳分の場所が与えられています。就寝前に夜《や》坐《ざ》（夜の坐禅）を行います。

8

振鈴《しんれい》

雲水（修行僧）が鈴を鳴らしながら廊下を走ることで、皆を起こしていきます。時間帯は午前3時30分～4時30分頃です。

9

起床

禅寺では1日の時間割が厳密に決まっています。鐘の合図は絶対です。時間通りに起きて、身支度も手早く行わなければなりません。

10

坐禅

朝一番の坐禅(暁天坐禅《ぎょうてんざぜん》)で、身体も心も調えます。呼吸に集中し、どっしりと坐ります。

11

朝課《ちょうか》

朝課とは開山堂や本堂などで行う朝のお勤めのことをいいます。厳粛な雰囲気の中、全員でお経をあげます。

12

小食《しょうじき》

禅宗で朝食のことを「小食」といいます。お粥や漬物などの精進料理を、よく味わって頂きます。

13 作務（掃除）

廊下など床の雑巾がけ、坐禅堂の窓拭き、庭の草とりなどの掃除を行います。禅には「一掃除、二信心」という言葉があるように、信心を上回るほど、掃除を重要な修行の一つだと考えています。汚れているから行うのではなく、毎日繰り返していねいに行うこと自体が修行なのです。

　床板は鏡のように光るほど磨き上げ、窓枠や部屋の隅など汚れのたまりやすい部分にも気を配り、ちり一つないようていねいに拭き取ります。ほうきは小さなゴミも逃さぬよう穂先を立て、払うように掃き清めます。

14

写経

一字一句誤りのないよう経典を書き写します。字の上手・下手よりも、心を込めて仏の教えを写すことに集中します。

15

坐禅

再び静かに、どっしりと坐ります。修行体験の間、何度も坐ることで最初より慣れてくるため、より集中が深まります。

16

挨拶・解散

修行体験をきっかけに普段の生活も調えていくことが理想です。ていねいに挨拶をして解散となります。

禅では、坐禅や読経だけではなく、移動や入浴、身支度など日常のすべてが修行です。本来、修行僧たちは廊下を無言で足早に歩き、朝の洗面や着替えは手早く、食事を頂くときも、合図によって決まった食べ方で静かに食べます。1分たりとも無駄な時間はありません。

修行道場の宗派や立地、規模などにより修行の流れや時間割は異なり、坐り方や精進料理の内容にも特徴があります。最初は、参禅者用に坐禅会や写経体験などを定期的に開催している道場での修行体験がおすすめです。禅寺で体験したメリハリのある時間の使い方を、自宅でも少しずつ実践してみるとよいでしょう。

禅寺で使われる道具

警策（きょうさく／けいさく）

「警覚策励《きょうかくさくれい》」の略で、坐禅中に修行僧の精進を励ますために肩や背中を打つ棒。臨済宗は前方から、曹洞宗は後方から、右肩に受ける。

香炉と線香

坐禅の時間は香炉に線香をたいてはかる。1回は約40分程度となる。

鳴らしもの

坐禅や薬石、起床などの時間を音で合図するもので、音が鳴ったら素早く動く。鐘の他、拍子木《ひょうしぎ》(左)や引磬《いんぎん》(右)などの仏具がある。

坐蒲（ざふ）

坐禅をする際に曹洞宗では丸い形の坐蒲(左)を使う。臨済宗では四角い坐蒲の下に座布団を敷いて(右)使う。

禅と食事

禅寺では食事を作るのも食べるのも修行です。素材の良さを引き出し、食べる人のことを思いながら誠心誠意、手間をかけて作ります。

※イラストは参禅者用のお膳のイメージ。実際の修行僧はもっと質素なものを頂きます。

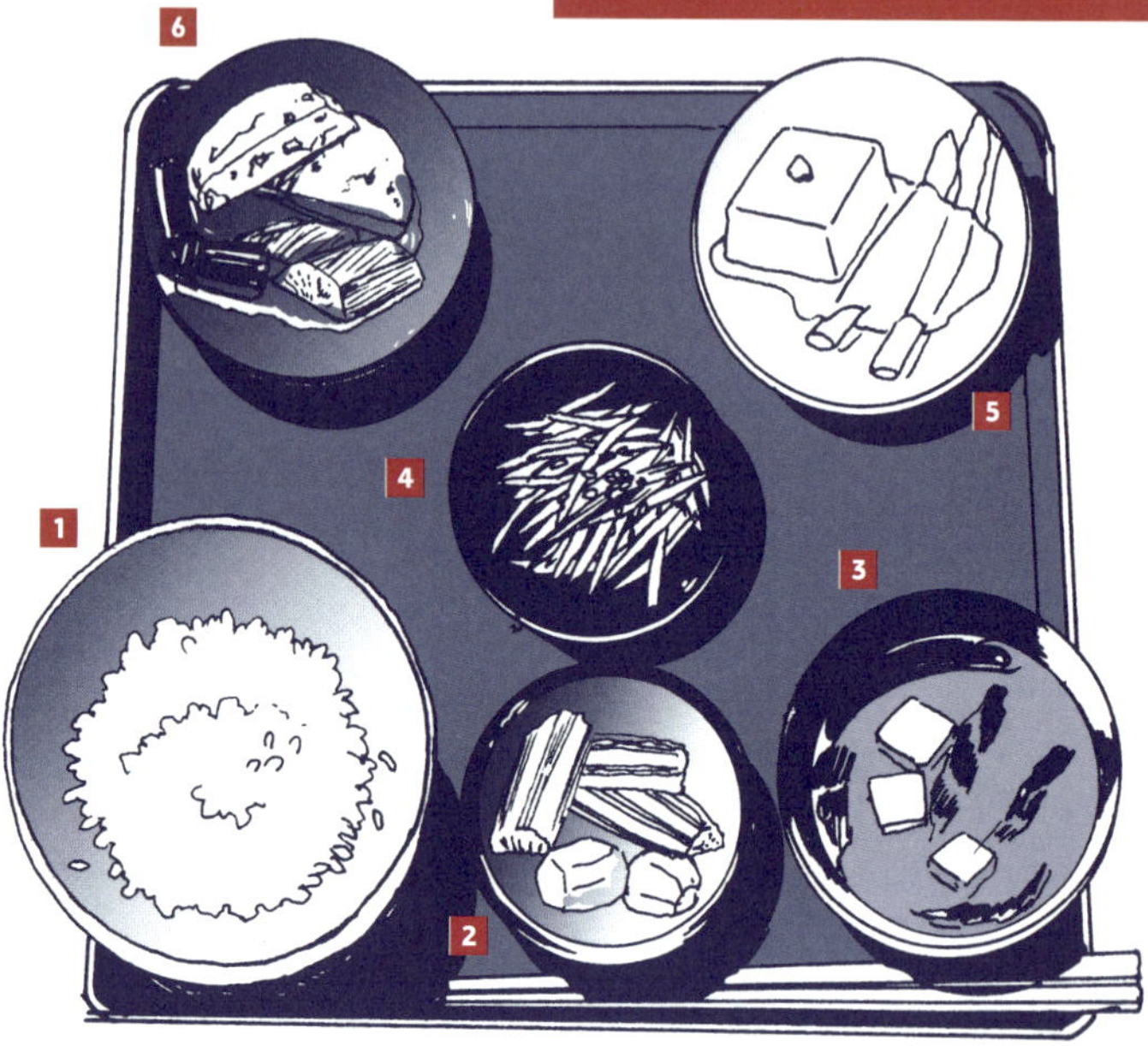

基本の献立例
（一汁三菜）

1	飯碗	白米、お粥、麦飯など
2	漬物皿	漬物
3	汁椀	味噌汁
4	小皿	炒め物
5	膳皿	酢の物や和え物
6	平皿	根菜類の煮物

精進料理では肉、魚など動物性食品を使わず、野菜や昆布、椎茸などでだしをとり、食材の本来の味を最大限に引き出します。食材を無駄にしないことも修行です。旬の野菜、山菜、海藻、豆類などでていねいに作られ、高タンパクで低カロリーでありながら豊かで味わい深く、消化も良い献立です。

精進料理のポイント

動物性食品を使わない

香味の強い野菜や刺激のある素材を避ける
（にんにく、ねぎ、にら、たまねぎ、らっきょうなど）

典座三心《てんぞさんしん》

喜心《きしん》	食材を頂く自然の恵みへの喜びや、典座として料理を作れる喜び
老心《ろうしん》	食べる相手を思い、愛を持っていねいに、心を込めて作る
大心《だいしん》	仏のような寛大で親切な心で相手を思い、作る

五観の偈

一《ひとつ》には、功《こう》の多少《たしょう》を計《はか》り彼《か》の来処《らいしょう》を量《はか》る。
→この食事ができるまでの多くの人々の働きに感謝します。

二《ふたつ》には、己《おのれ》が徳行《とくぎょう》の全欠《ぜんけつ》を忖《はか》って供《く》に応《おう》ず。
→自分自身が、この尊い食事を頂くに価するかを省みます。

三《みつ》には、心《しん》を防《ふせ》ぎ過《とが》を離《はな》るることは貪等《とんとう》を宗《しゅう》とす。
→心を正しく保ち、過ちを持たないために頂きます。

四《よつ》には、正《まさ》に良薬《りょうやく》を事《こと》とするは形枯《ぎょうこ》を療《りょう》ぜんが為《ため》なり。
→良薬として、この食事を健康な身心を養うために頂きます。

五《いつつ》には、成道《じょうどう》の為《ため》の故《ゆえ》に今此《いまこ》の食《じき》を受《う》く。
→仏道修行を実践するために、有り難くこの食事を頂きます。

このような精進料理の基本的な考え方は、道元禅師が中国で、ある老僧より食の修行について聞き、感銘を受けて著した『典座教訓《てんぞきょうくん》・赴粥飯法《ふしゅくはんぽう》』に由来します。

典座《てんぞ》（食事係）は料理の際、「喜心《きしん》」（もてなす喜びや感謝）、「老心《ろうしん》」（相手を思い心を込める）「大心《だいしん》」（仏の大きな心を持ち集中する）という3つの心が大切だと説きました。禅寺の配役の中でも特に典座は重要な役目なのです。

また、禅寺では食事にも決まった作法があり、「五観《ごかん》の偈《げ》」という経文などを唱えてから頂きます。

DARUMA'S POINT

01 身体を調えると心も同時に調っていく

02 自分を整理するには思いを「流す」坐禅時間がベスト

03 心配や不安など「実体のないもの」にとらわれない心を持つ

三章

禅語との出会い

〜禅の教えを学ぶ〜

修行体験を通して、
先輩・木崎冬美も禅が気になり始める。
ダルマはますます調子に乗って、
全員に禅語アプローチをするが?!

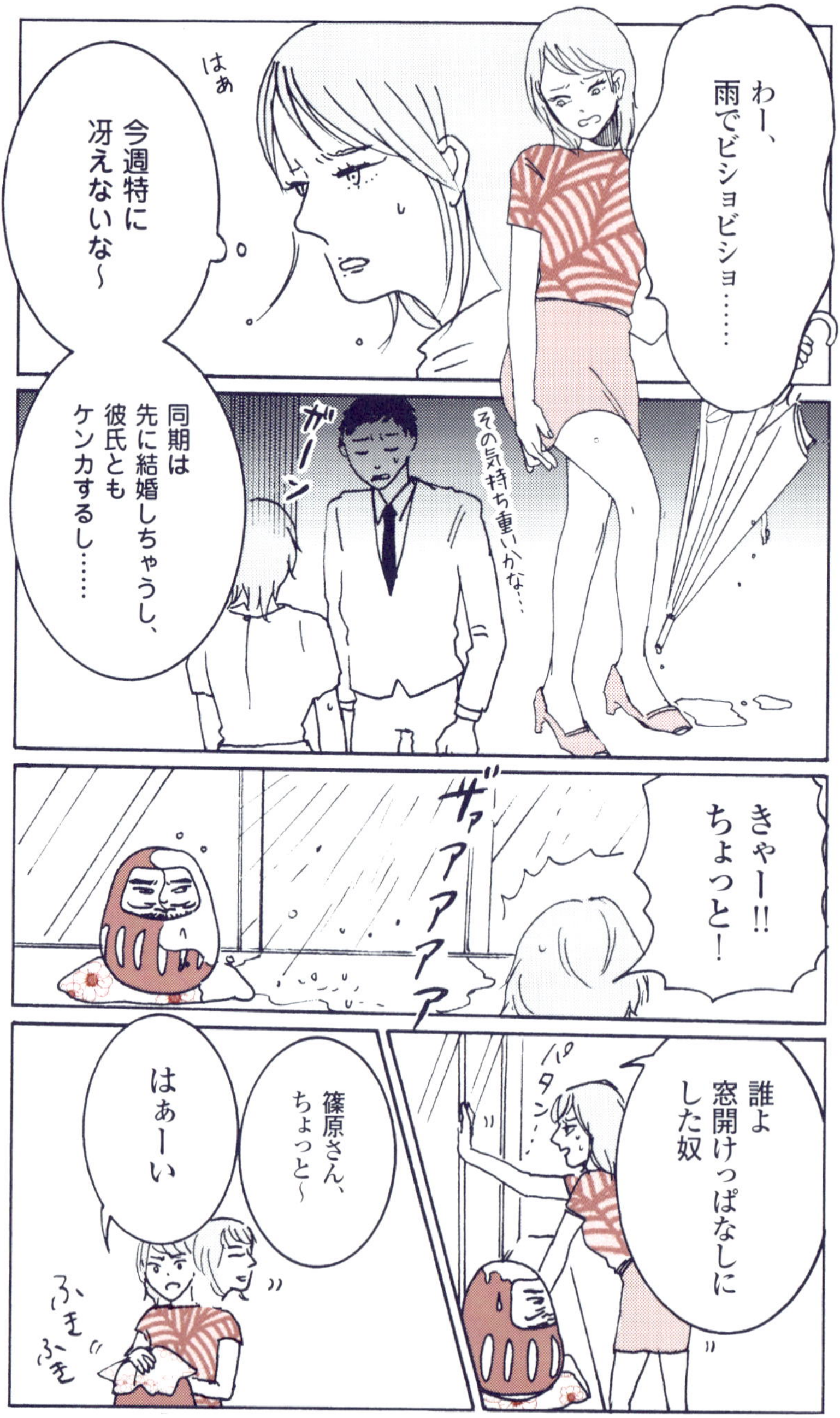
わー、
雨でビショビショ……
はぁ
今週特に
冴えないいな～
同期は
先に結婚しちゃうし、
彼氏とも
ケンカするし……
ガーン
その気持ち重いかな…
ザァアアアア
きゃー!!
ちょっと!
誰よ
窓開けっぱなしに
した奴
バタン…
篠原さん、
ちょっと～
はぁーい
ふきふき

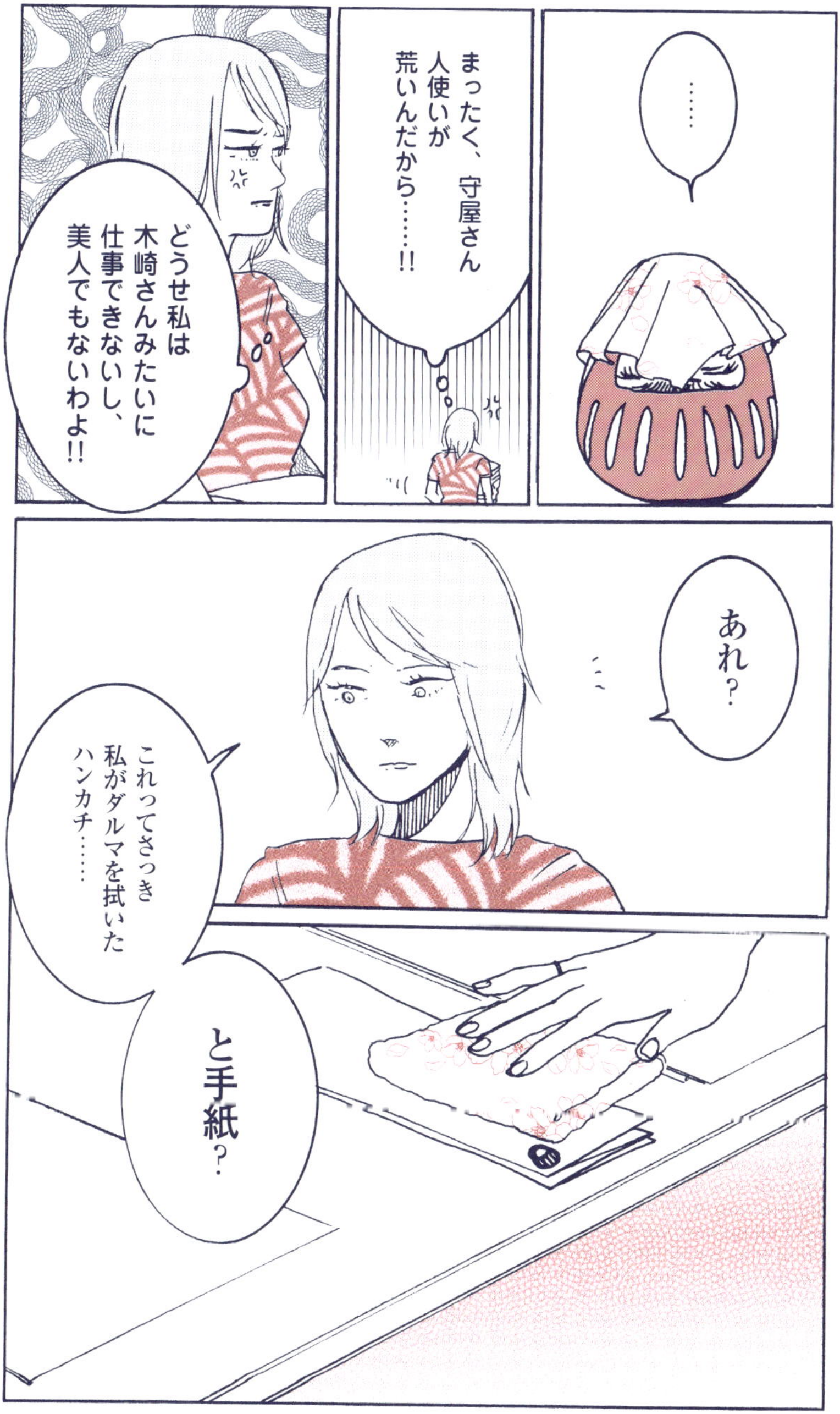
……
まったく、守屋さん人使いが荒いんだから……!!
どうせ私は木崎さんみたいに仕事できないし、美人でもないわよ!!
あれ?
これってさっき私がダルマを拭いたハンカチ……
と手紙?

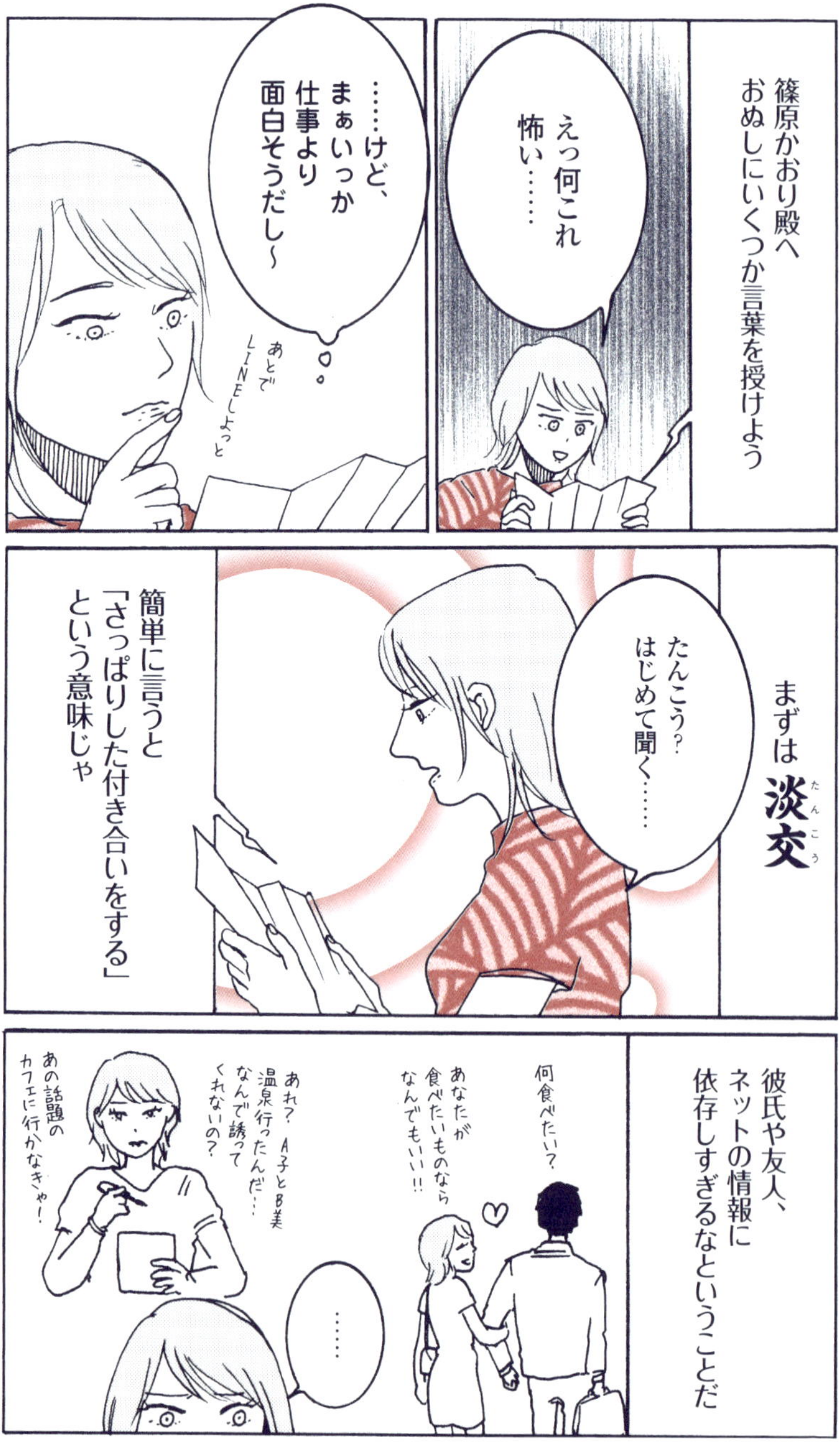
篠原かおり殿へ
おぬしにいくつか言葉を授けよう
えっ何これ
怖い……
……けど、
まぁいっか
仕事より
面白そうだし～
あとでLINEしよっと
まずは
淡交《たんこう》
たんこう？
はじめて聞く……
簡単に言うと
「さっぱりした付き合いをする」
という意味じゃ
彼氏や友人、
ネットの情報に
依存しすぎるなということだ
何食べたい？
あなたが
食べたいものなら
なんでもいい!!
あれ？ A子とB美
温泉行ったんだ…
なんで誘って
くれないの？
あの話題の
カフェに行かなきゃ！
……

……大きなお世話よ!!
どうしたの?
いやー、ちょっと……
……最近仕事しながらごはん食べてませんね
うーん、食べるときは食べることに集中して「食」を楽しもうかと思って
あー……
私はランチ中でもインスタ見てるな……
次に明珠在掌《みょうじゅたなごころにあり》
また知らない単語だわ

これは他人の持っているものが羨ましくてたまらない奴に向けたい言葉だが……
うげっ
ぐっさり……
例えば友人の結婚や人の容姿、彼氏の器など
人と比べなくてもおぬしにはもともとよく気がまわる良さがある
そんなの……
おぬしの気配りの心はすでに手の中にある明珠在掌とはそんな言葉だ
でもやっぱり比べちゃうわよ
私はワガママだし可愛くもないし特別な才能もないもん
最後はこれ
天上天下唯我独尊《てんじょうてんげゆいがどくそん》

あ、これはなんか聞いたことある！
「自己中」などと誤解されがちだが、本来は皆違って同様に尊いということだ
そんなの頭ではわかってるわよ～
はー、せめて他部署のイケメンがくれた手紙だといいな
じたばた
?
落ち着きないわね…
あっ、ヤバ！LINE返さなきゃ！
13:15
6月7日水曜日
……まあ、今じゃなくていいのか……

だからさ！
今日も遅いって仕事あるんだよ
日曜日に塾の面談？そんなの今はわからないよ
ギリギリまでうん、じゃあ
ふー……
胃が痛い……
奥さん？
守屋くん冷たいね～
俺が守屋くんの立場のときはもっと余裕あったはずだけどなー
はぁ……
時代も給料も違うだろ……

あ、ここ……
イライラ
おい！高橋！
ガタ
はい！
なんでここ、こういう書き方するんだよ?!
……
まだ決まっていなかったので……
だとしても、いつまでにどうとか入れろよ！
……ですけど、それ守屋さんがなかなか決めてくれなかったから……
俺のせいかよ！大体な……
ブブブ
……
実家
042-×××-××××
応答
拒否

電話、どうぞ
……とにかく これは直しといてくれよ
……
じゃ、また連絡する
ふー……
……母さん入院かあ……
手術の日程とかお金とかどうなるかな
痛たた…… ん？ なんだこれ
胃薬と……手紙？
あ、それ、
結構面白いこと書いてあるかもですよ！
胃薬は私だけど～……
面倒くさいから言わな～い

お疲れ〜……
篠原か？ いや、こいつは手紙とかアナログなことはしないか……
おぬしのために役に立つ禅語を2つ教えてやろう
なんだこれは偉そうに
所要時間は5分だ
5分ならまぁ読めるか……
禅語ってこの前修行に行ったあの「禅」か……？
まずは壺《こ》中《ちゅう》日《じつ》月《げつ》長《ながし》
中国語？ 漢文？

家族
仕事
体調
お金
来るな〜
おぬしは何かと1日中
あくせく忙しく
心休まらないようだが
時間に追われるな
心の持ち方一つで
職場でも家庭でも
落ち着いて過ごせるようになる
お金
体調
仕事
家族
なんだそれ…
こりゃあ
理想論だな……
もう一つは無常迅速《むじょうじんそく》
おぬしは決断を後回しに
する癖があるようだが……
ん？

それはつまり、他人の時間を奪っていることになる
うっ
たしかに……!!
人は皆、限りある時間を生きているのだ
家族だって嫌いな奴だって
あぁなんか……嫁の気持ちがちょっとわかった……
いつわかるの?すぐ連絡してよね!!
はは…
俺もアレやるよな……
今日は早く帰るって電話するか……
母さんのことも話さなきゃだし……
はーっ
しかし、これを書いたのは誰なんだ……
あ、もしもし〜

禅語とは何か

禅の深い世界観がわかる言葉

独特の言葉に禅の教えが詰まっている

禅語とは、禅宗の僧侶たちによって語られてきた言葉です。禅宗の経典や禅僧の逸話などの文献に残されてきました。悟りの境地を表した言葉や悟りに至るための心構えなど、禅の思想と独特の世界観が短い言葉に凝縮されています。

日本では禅が文化としても深く根付いているため、古くから多くの禅語が日本人に親しまれてきました。「主人公」や「一期一会」など、現代でもよく使われる言葉のルーツが禅語であることも少なくありません。さらに近年では、ビジネスやスポーツなどさまざまな分野で、禅の思想を取り入れる動きが世界的に広まっています。修行僧でなくとも、日常生活での戒めとして、また悩んだり行き詰まったときの生き方指南として、禅に今をより良く生きるヒントが求められています。そんなとき、読んで解釈できる禅語は、本質的な考え方を端的に示すものとして、また禅の入門としても多く用いられています。

ここではマンガと共に禅語を詳しく紹介します。

淡交

【たんこう】

P.78

中国・戦国時代の思想家、荘子の言葉「君子の交わりは淡きこと水のごとし」が由来です。徳が高い人物は水のようにさらっと付き合うという意味で、相手と適度な距離感を持って接することを教えています。

SNSによって、他人の仕事や趣味、さらにパートナーや休日の過ごし方まで見える時代です。友人や恋人が、今、何をしているか、どんな気持ちか、週末は何をするか……。人のことばかり気になり、マンガの中の［篠原］のようにスマホを手放せない人がいます。しかし相手を気にしすぎて、自分の本音やしたいことを置き去りにしてしまうこともあります。親しい間柄でも、付かず離れずの適度な関係こそが、長く付き合っていくためのヒントなのです。

明珠在掌

【みょうじゅたなごころにあり】

P.79

人は他人のことが気になるものです。［篠原］は先に結婚していく同期にモヤモヤしたり、［木崎］の容姿や仕事ぶりに嫉妬したりと、他人と自分を比較しては落ち込みます。常にスマホを握りしめてSNSのチェックを欠かさず、仕事中でも喧嘩してしまった彼氏のことを考えます。自分に自信がないため、他人のことばかりが気になるのです。しかし、降り込んだ雨に濡れた達磨や机をすぐに拭いたり、さりげなく同僚のデスクに胃薬を置くような気配りができる自分の優しさには、気がついていません。

明珠とは明るく輝く宝石、在掌とは手の中にあるという意味です。宝石のような高価で大切なものをすでに手に持っている。つまり自分が持つ、人にはない貴重な魅力に気づくようにと教える言葉です。

天上天下唯我独尊

【てんじょうてんげゆいがどくそん】

P.80

お釈迦様が生まれてすぐ発したとされる言葉です。天上天下とは広い宇宙、我《われ》とは私たち一人一人、独尊とは一つ一つの尊い命を指します。自己中心主義や自分が一番偉いといった傍若無人の意味合いで誤解されがちですが、本来は「この大宇宙に私たち人間一人一人が尊い命を持ち、たった一つの聖なる使命を果たすべく生まれてきた」という意味です。

　この世に生を受けた私たちはみんな尊い存在で、誰かのようになる必要はありません。［篠原］は悩んでいますが、友達と結婚のタイミングが違っても良く、人と仕事のスピードが違っても良く、好かれようと他人ばかりを気にしすぎても仕方ないのです。全員が唯一無二の魅力や役割、それぞれに違う能力を持っているのです。

どうせ私は
木崎さんみたいに
仕事できないし、
美人でもないわよ!!

壺中日月長

【こちゅうじつげつながし】

P.85

中

国・後漢時代、ある薬売りの老人がいました。老人は夕方店を閉めると、店先にある壺の中にひらりと入ってしまいます。ある役人がそれを見つけ自分も壺の中に連れていってもらうと、そこには美しい御殿や庭園が広がっていました。楽しくもてなしを受け現実世界に戻ると、数日と思っていたところ10年も時が過ぎていました。この浦島太郎のような話が、この言葉の由来です。

壺の中は悟りの境地を、日月長は穏やかな時間が流れる状態を表しています。マンガ内の[守屋]のように、忙しさからすぐ逃げようとしたり、忙しさそのものにとらわれたりせず、個々の状況をよく見て優先順位をつけ、一つずつ整理することで、時間に追われず、自分だけの壺の中を再現できます。24時間を精一杯使い切りましょう。

無常迅速

【むじょうじんそく】

P.86

禅

寺で行事や時刻を知らせるために鳴らす板木《はんぎ》には「生死事大《しょうじじだい》　無常迅速《むじょうじんそく》　各宜醒覚《かくぎせいかく》　慎勿放逸《しんもつほういつ》」という言葉が書かれています。人間は生死から逃れられず、時はあっという間に過ぎて人を待ってくれないから、一瞬たりとも無駄にはできないという意味です。

［守屋］は家族や仕事に振り回され日々忙しく、時間がないと言い訳をして決断を先延ばしにする癖があります。しかし連絡を待たせている家族にも、書類の書き方の指示を待たせている［高橋］にも、［守屋］と同じように大切な人生の時間が流れています。

私たちは日々、死に向かって歩いています。一瞬たりとも過去には戻れません。今できることは今、精一杯取り組むことが大切です。

田渕さん、これハンコください～
ハイハイ
ありがとうございます
あ、明日委員会の出席お願いします
はいはーい
ハンコ、どうでもいい会話の繰り返し……
ふう…
これでも昔は「凄腕のタブチ」と呼ばれたもんだけど
これじゃ窓際に座ってるダルマと変わらないなー

チラリ…
カタカタ
若い奴はなんでもかんでもメールで済ませるんだなあ
カタカタカタ
打つの速い…
田渕さん、お疲れさまです
高橋くん
今日お昼一緒に行かない？
あ……
すみません、今日バタバタしてて……
こういうの普通断らないものなんだよ……
そう…

メシ行くかー……
早いけど…
い
あれ、また田渕さんいない
んも〜聞きたいことあったのに〜
ふう……
ハンコ待ち
ぐちゃっ…
……ハイハイ、押しますよーっと
っと
……？なんだこれ？
何か書類じゃないものが……
おぬしとダルマを一緒にするでない!!
んん?!

誰かさっきの独り言を聞いていたのか?
でも「おぬし」って言う奴いないよな……
おぬしの仕事に関することで伝えたい言葉がある
なんでしょ ハンコ押すだけだし読みますよ〜……
まず一つ、放《ほう》下《げ》着《じゃく》（著）
過去の栄光に縛られず実績も捨てよということだ
なんだ
それを捨てちゃったら俺には何もなくなるよ……
すべてを捨てることで今、大事なことが見えてくる
ハンコ ハンコ
うん? 例えば?

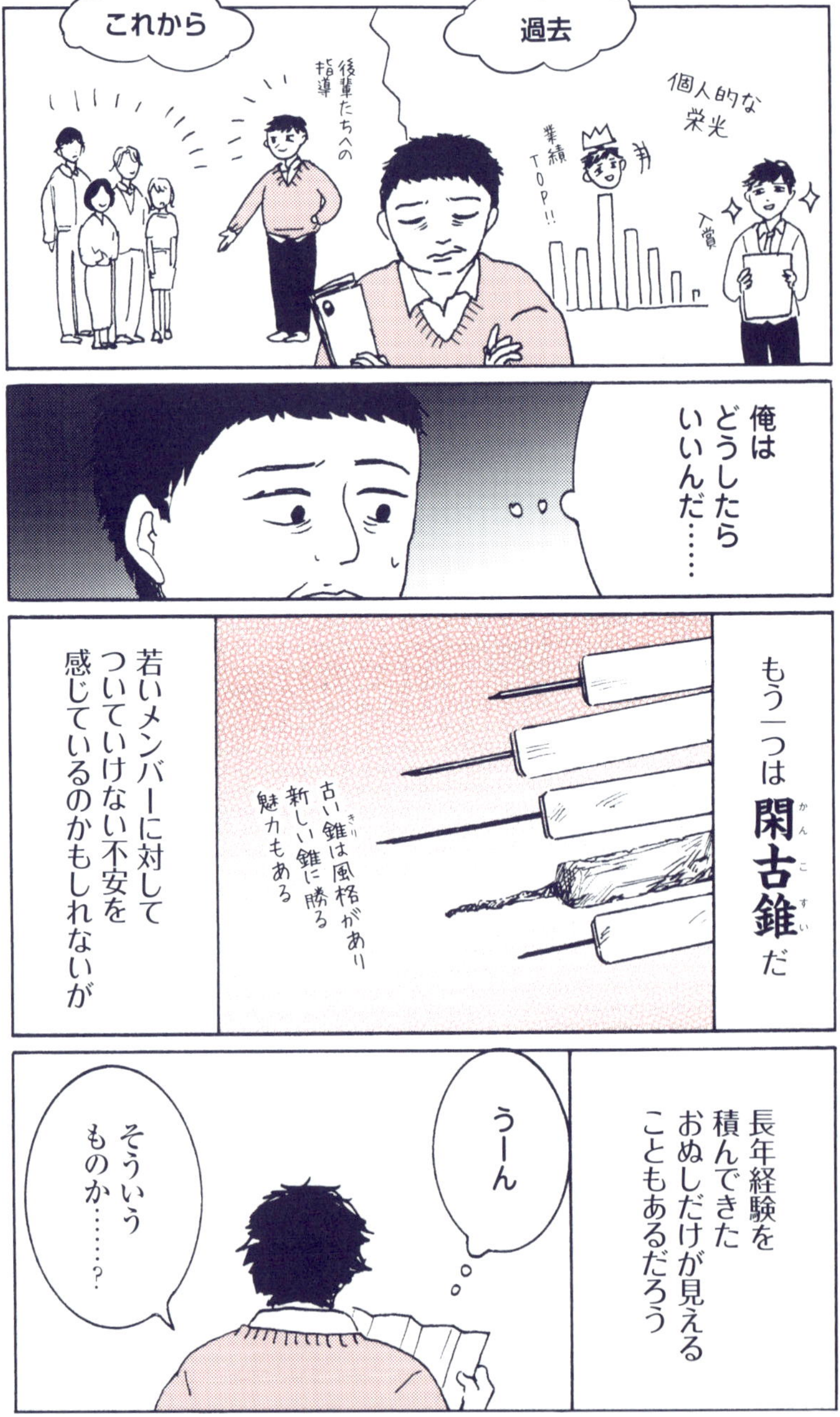
過去
個人的な栄光
業績TOP!!
入賞
これから
後輩たちへの指導
俺はどうしたらいいんだ……
もう一つは閑古錐《かんこすい》だ
古い錐《きり》は風格があり新しい錐に勝る魅力もある
若いメンバーに対してついていけない不安を感じているのかもしれないが
長年経験を積んできたおぬしだけが見えることもあるだろう
うーん
そういうものか……？

ダルマよりは役に立てるのかね〜
ははは・・・
喝《かっ》!!!!
んっ、
……誰か今何か言ったか……?
え?! いえ、何も言ってないです
「喝」も気合を入れるための禅語だ!!
ちょっと黙って!!

あーびっくりした
田渕さん、ダルマの声
聞こえたのね……
フロアの隅
他の人も
聞こえるのかな
……と、
俺デスクに戻って
書類直さなきゃ
守屋さんに
言われたやつ
ってもさ〜、あの人
自分の家庭も
いろいろあって
大変だろうけど
全然協力してくれないし、
言い方もキツイですよね、
書類ももう少し早く
言ってくれれば……
篠原さんも
すぐ帰っちゃうし
田渕さんもいなくなるし
仕事してる自覚
あるのかな……
次のプレゼン
明後日ですよ!?
ぐちぐち
ぐち
こりゃ私にも
何かしら
不満あるわね……

不思善不思悪《ふしぜんふしあく》という禅語がある
おぬしは皆が同じように動くことが正しい道だと思っているんだろう？
そりゃそうだよ……だってチームだし、会社だし、仕事だし……
全然うまくいかないけど…
「チーム」を自分の価値観でイメージしすぎなんじゃないか？
価値観はそれぞれで正解はないそんなことを伝える言葉だ
全部シェアして和気あいあいチーム
どっちもOK!!
個別に動いてテキパキやるチーム
キ

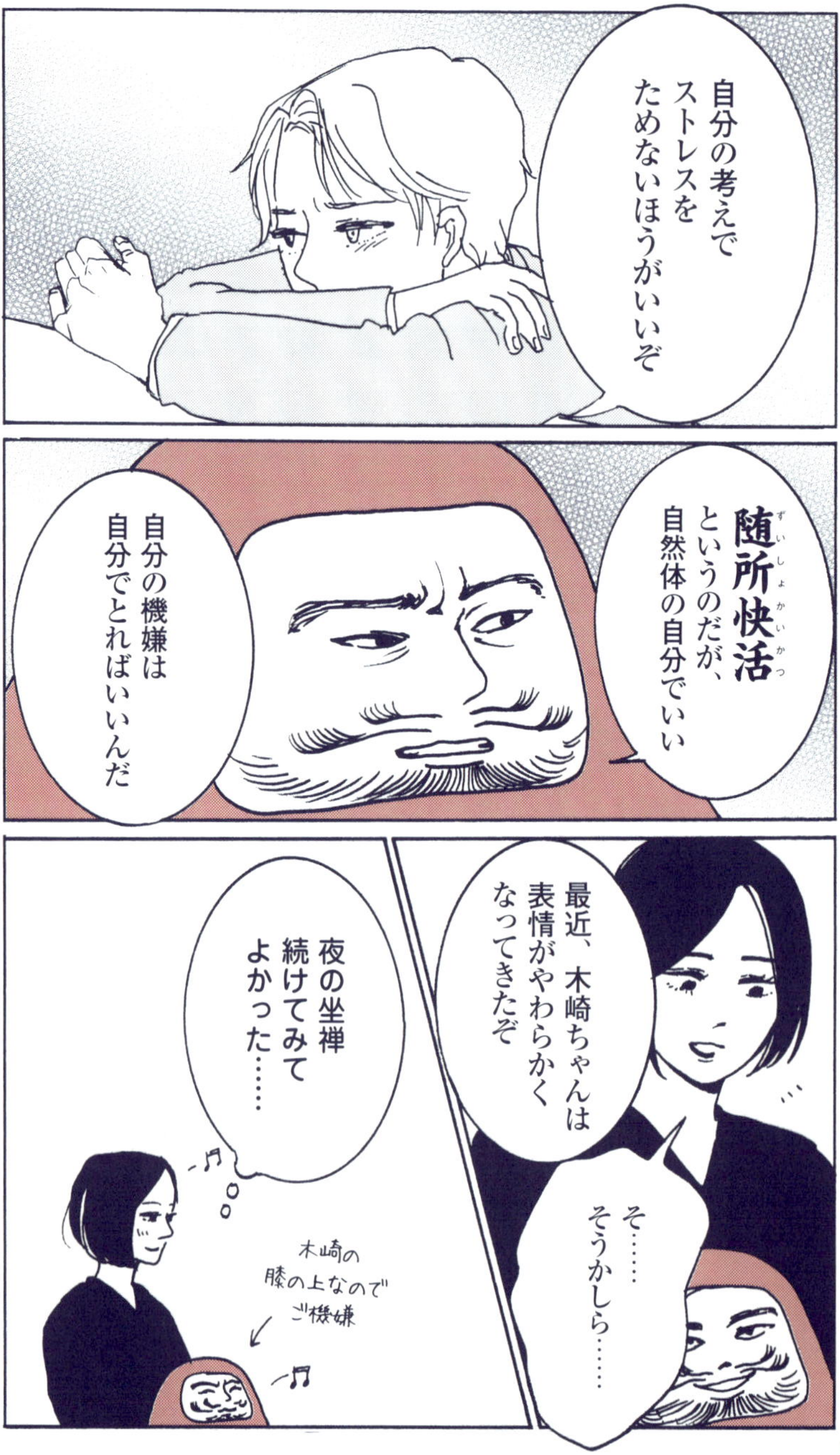
自分の考えで
ストレスを
ためないほうがいいぞ
随所快活《ずいしょかいかつ》
というのだが、
自然体の自分でいい
自分の機嫌は
自分でとればいいんだ
最近、木崎ちゃんは
表情がやわらかく
なってきたぞ
そ……
そうかしら……
夜の坐禅
続けてみて
よかった……
木崎の
膝の上なので
ご機嫌

おぬし、一切衆生悉有仏性《いっさいしゅじょうしつうぶっしょう》って知っているか？
チームワークで大切な言葉だ
……禅寺では諸法無我《しょほうむが》って教わったよ（P.51）
？
それにも通じる禅語だ
おぬしから見れば皆勝手でバラバラなようでいても
すべてのものには互いを生かし合える良いところがある
仕事が速い人
ていねいな人
それを引き出すサポートが大切なんだ
人前で話すのが得意な人

これがうまくいけば
チーム全員の
自信につながるぞ
ヒソ
ヒソ
ヒソ
……ほら、しゃべってません？
AI？
あの2人、なんで受け入れてんの？
はっ
あ、えーと
これは
なんか、気まずい……
どう説明すれば…
どうやら禅に興味が湧くとわしの声が聞こえるらしいな！
ほら、やっぱりしゃべるーー!!
わしになんでも聞いてくれ!!

放下着（著）

【ほうげじゃく】

P.97

中国・唐の時代に、巌陽《げんよう》尊者という禅僧が師の趙州従諗《じょうしゅうじゅうしん》禅師にこう伝えました。「修行の結果、私はついに無一物、すべてを捨て切ったという境地に至ることができました。もうこれ以上何も捨てるものはありません」。すると師は「捨て切ったという思いすら、捨てなさい」と言いました。

人間にとって、本当に何もかもを捨て切ることは至難の業です。仕事においては、マンガ内の「田渕」のように、過去の実績や自分の絶頂期のやり方、うまくいったときの成功体験などは特に大切にしてしまうものです。しかしそれに縛られ、かつての自分に固執するようになると、今に乗り遅れ、今本当に大切にすべきことを見失ってしまいます。歳をとるほど、肝に銘じておきたい言葉です。

閑古錐

【かんこすい】

P.98

古くなった錐《きり》は、新しい錐に比べ先端は尖っておらず、切れ味も鈍く、鋭さに欠けます。道具としては役に立ちません。しかし使い込まれ年季が入ってよく手に馴染み、先端も丸みを帯びているため、穴を開ける作業で迂闊に怪我をすることがありません。

人間も同じです。この言葉は、長年経験を蓄積し、若者とは違う角度からの視点も持てるベテランのことを表しています。最先端の物事に疎くても、若さはなくても、苦労や困難を経てきた者としての円熟した魅力や強みがあります。「閑」とは、落ち着いた穏やかさを表します。「田渕」のように卑屈になったり、若者と張り合おうとしたりするのではなく、年上ならではの豊富な知識や経験を次世代に伝えていく役目があるのです。

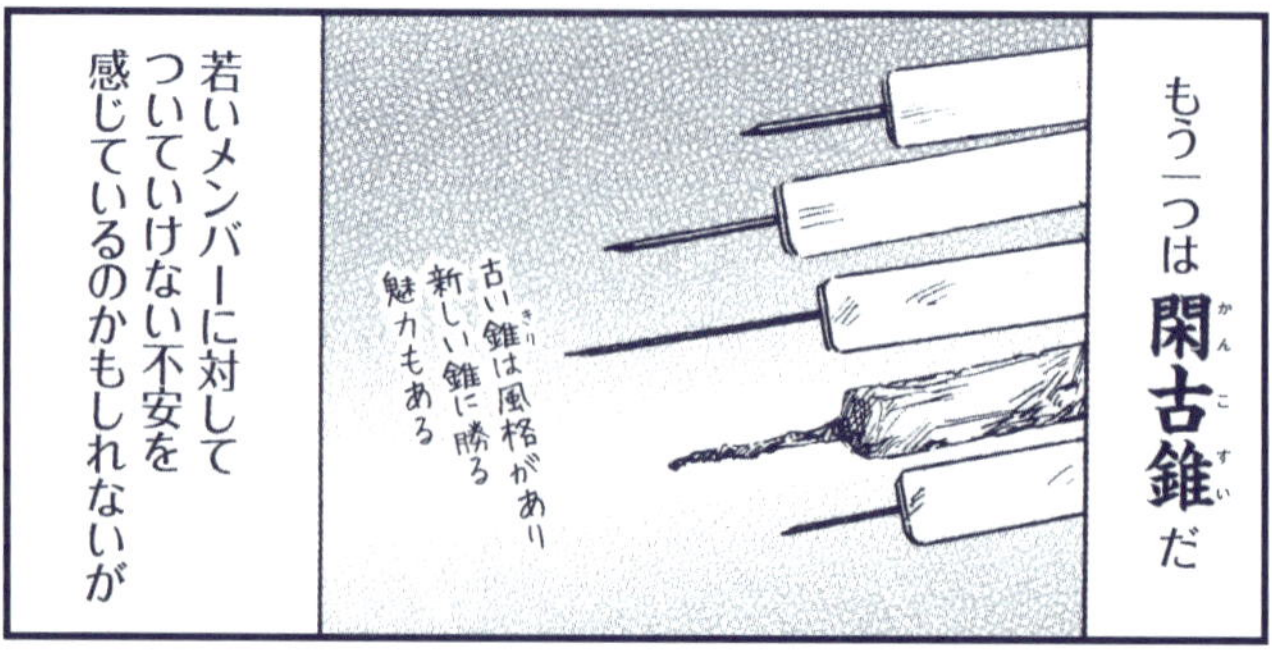
もう一つは閑《かん》古《こ》錐《すい》だ
古い錐《きり》は風格があり
新しい錐に勝る
魅力もある
若いメンバーに対して
ついていけない不安を
感じているのかもしれないが

不思善不思悪

【ふしぜんふしあく】

P.101

善をも思わず悪をも思わず、つまり善悪という二元的なものの見方をしないという意味です。禅では正か邪か、自分か他人か、損か得か、好きか嫌いかなどの相対的な軸で物事をとらえることを戒めています。対立するどちらかを選ぶと心がそちらにとらわれたりこだわってしまい、やわらかい発想が生まれにくくなります。

［高橋］はプロジェクトリーダーとして、チームであるからには全員がやる気を持って一致団結し、［高橋］が良いと思うように皆が動くことが正しいと考えています。しかし、本来、正しさなどありません。善悪の概念でチーム作りをとらえると、それぞれの人の長所を生かしたり、なんのためのチームかなど、本質的なことを見失ってしまうかもしれません。二元論をやめるよう諭す言葉です。

そりゃそうだよ……
だってチームだし、
会社だし、
仕事だし……

随所快活

【ずいしょかいかつ】

P.102

いつどんなところでも自然体でいるという意味の言葉です。禅では「ありのまま」を大切にします。例えば人間関係において、見栄を張ったり気に入られたいと思ったりして、いつもの自分とは違う不自然なふるまいをすることはありませんか。また、相手に対して「このような人だ」と心の中で勝手に評価し決めつける色眼鏡を持って、接していませんか？　これでは関係がうまく成り立ちません。

［木崎］は仕事に真面目なぶん、つい他人の能力を勝手に判断し、低く評価してイライラしていました。しかし修行体験後、坐禅の実践などで心の余裕が生まれ、自然体の自分を取り戻していきます。［高橋］や［篠原］への見方も変えていきます。

自分を演じず、飾らず、ありのまま自然体で生きることで、周囲との関係性も変わっていきます。

一切衆生悉有仏性

【いっさいしゅじょうしつうぶっしょう】

P.103

この世に生きるすべてのものに仏性があるという意味です。仏の性質と書く仏性とは、仏陀になる可能性、つまり悟りに至ることができる存在だということです。通常、人は普通に暮らす限り、悟りにつながる真理からは遠く離れ、煩悩や執着を完全に手放すことはできず、なかなか悟ることはできません。しかしそれでもお釈迦様は、誰しもが本来仏性を備えていると説きました。

自分以外の人間も、自分と同じように仏性というとてつもない可能性を秘めた貴重な存在です。特に[高橋]のようにリーダーであれば、人に対して先入観を持ったりせず、それぞれのチームメンバーの長所や強みを引き出せるよう、相手を大切な存在として素直にとらえることが必要です。

すべてのものには互いを生かし合える良いところがある

それを引き出すサポートが大切なんだ

DARUMA'S POINT

01

「禅語」とは禅の教えが凝縮された言葉のこと

02

禅語を通して省みるべき自分の姿が見えてくる

03

禅語は悩みや迷いに寄り添いより良く生きるためのヒントになる

四章

十牛図の教え

～人生を見つめ直す～

禅語を授けられ、
自分を意識し始めたメンバーたち。
そこでダルマは悟りへのプロセスが描かれた
「十牛図」を解説することに……。

手紙も おまえのしわざかよ
難しい禅語ばっか 書きやがって
えーっ でもなんか面白い じゃないですか!!
他にも教えて くださいよ
確かに、言い当てられた 感はあったな……
他にも あるんだろう?
よし、じゃあ 今度は「十牛《じゅうぎゅう》図《ず》」を 教えてやろう
十牛図?
禅をわかりやすく 10枚の絵で 表したものだ

人生
もともと修行僧のために描かれたものだが
現代にも通じる人生の教えになる
①尋牛《じんぎゅう》
ある童子が牛を探す旅の始まりのシーンだ
「牛」とは「本当の自分自身の姿」と言えるな
将来の夢ってなんだろう？
人生だと「自分は何者なのか」と悩む思春期の頃に当たる

②見跡《けんせき》
童子が牛の足跡を見つけるシーン
「本当の自分」への足がかり、ヒントが見つかるイメージだな
なんとなくの進路が決まる感じ……？
絵を描くことは得意!!
法律に興味があるな〜
そうだな
10代後半の、経験は少ないが可能性を信じる時期だな
③見牛《けんぎゅう》
!!
次は足跡をたどると牛のお尻だけが見えてくる

人生で言うと
20代前半くらい
少しだけ自分が
わかってくるだろ
チラリ…
え?! ウソ
何もわかって
ないんだけど……?!
自分で
そう感じることも、
自分をわかってる
ことになるぞ
ゔ……
嬉しくない……
次に牛が暴れて
なかなか捕まらない
シーンだ
④得牛《とくぎゅう》
これは
「自分の心」との
闘いを想起させる
今の
俺かも……
う～ん
BかCのほうが
よかったのかな…
B
C
A
社会人になり、
自分なりに納得して
選んだつもりの道でも
迷ってしまう
そんな心の迷いや
執着を
表しているんだ

次は牛を手なずけることができたシーンだな
⑤牧牛《ぼくぎゅう》
30歳過ぎたあたりで、道が定まりつつあるとき
ふうん……
しかしここで安心して思考停止してはいけない
考えることをやめてしまうとふりだしに戻るぞ
思考停止…
⑥騎牛帰家《きぎゅうきか》
牛の背に乗り笛を吹きながら家に帰る図だ
楽しそうだな

人生では40代くらいか自信を持って自分の生き方に満足している
あっちの山は川がキレイ!!
こっちの山は高い!!
今まで気がつかなかったことにも気がつけるようになる
⑦忘牛存人《ぼうぎゅうぞんじん》
次は連れてきた牛のことを忘れているシーン
あらゆる執着から解き放たれ安定している
おお……
悟りに至って淡々と穏やかな日々
今の自分は幸福だと心から思える時期だな
な、なるほど……
ははは…
そんな気持ちになれたらいいんだけどな……

ここには何も書かれていない
⑧人牛倶忘《にんぎゅうぐぼう》
無の世界だ
悟ったことすらすべて忘れ
名誉
名声
もはや自分が何者かも忘れる
権力
地位
⑨返本還源《へんぽんげんげん》
この後は、ただ自然だけが描かれている
移りゆく自然のように人間も変化していくそれが真理だ

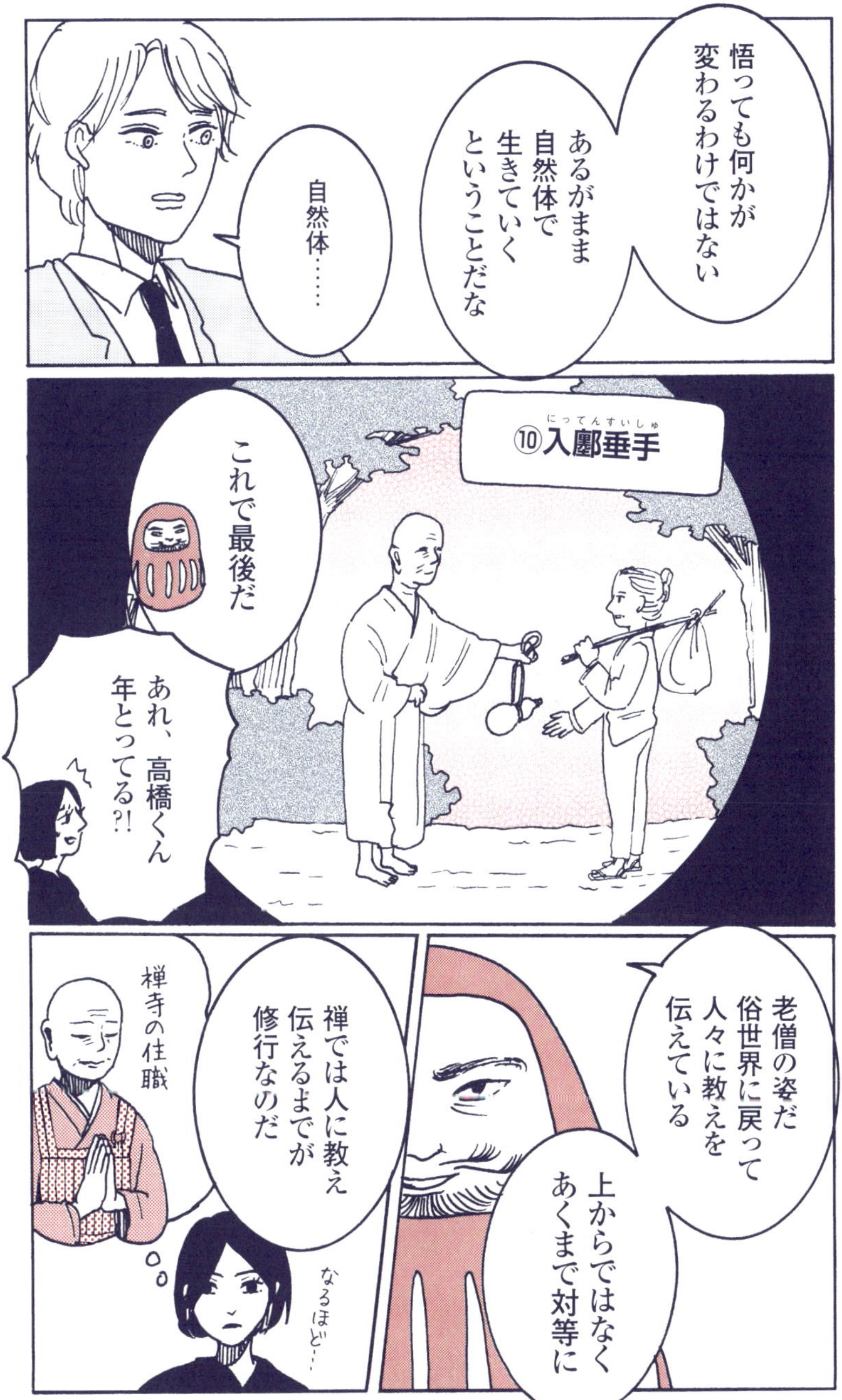
悟っても何かが変わるわけではない
あるがまま自然体で生きていくということだな
自然体……
⑩入鄽垂手《にってんすいしゅ》
これで最後だ
あれ、高橋くん年とってる?!
老僧の姿だ俗世界に戻って人々に教えを伝えている
上からではなくあくまで対等に
禅では人に教え伝えるまでが修行なのだ
禅寺の住職
なるほど…

ヤバい
私まだ3番目の
「見牛」かも！
高橋が最初の
「尋牛」だから
大丈夫だろ
ははははははは
盛り上がってるなあ
おぬし、
今坐禅してるか？
姿勢も良いな
禅を
実践してきて、
どうだ？
……そうだなあ
最近の自分を
思い返してみると…

う、また守屋さんからきついメールの返事が……
……いや、そうじゃない
フン
言い方考える必要あるか?
より良くしようとしてることに変わりないんだから
結構疲れてるけどこれは今日中に終わらせたほうがいいな
まず20分資料作成 ← 休憩 ← スキャンしてメール返す ← 人数分コピー……
かな
時間を決めてテキパキやろう
ピピピッ
ピピピピッ
ふ〜〜…
よし、いったん休憩!

床に坐れないから
いす坐禅で
気分転換……
人と比べると
仕事のスピードが
速くないことや
……う〜ん…!!
焦ると
空回ることは
わかってる
そのぶん
見落としをなくして
ていねいに仕上げる
ことを心がけよう
企画会議用資料
●×社
プレゼン用資料

うん、劇的な変化はないけど考え方が少し変わったかな
今日の十牛図も勉強になったたし
理想の自分なんてわからないけど今、できることからやろうと思う

大事なプレゼンまで
あと少し……
明日の会議で
話をまとめなくちゃ
念のため、
パターン別に資料を
用意しておこう
これは篠原さんに
渡すとして、ここは
木崎さんに頼ろう
あと田渕さんには
これを聞く……
ブツブツ…
カタ
カタ
資料
翌日
バサッ
いや、でもこれ
予算的に
できるのか？

では、
こっちの案ではどうですか？
デザインを変えてコストを抑えてみました
新たな案も作ってあったのか……
試算やり直しだな
20日まではどうですか
だったらできるな
じゃあそれ私がスケジュール立てるから、
じゃあ、見積もりは私やりますー
お願いします
僕が細かいところ見て、22日までにまとめます
あ、いや、

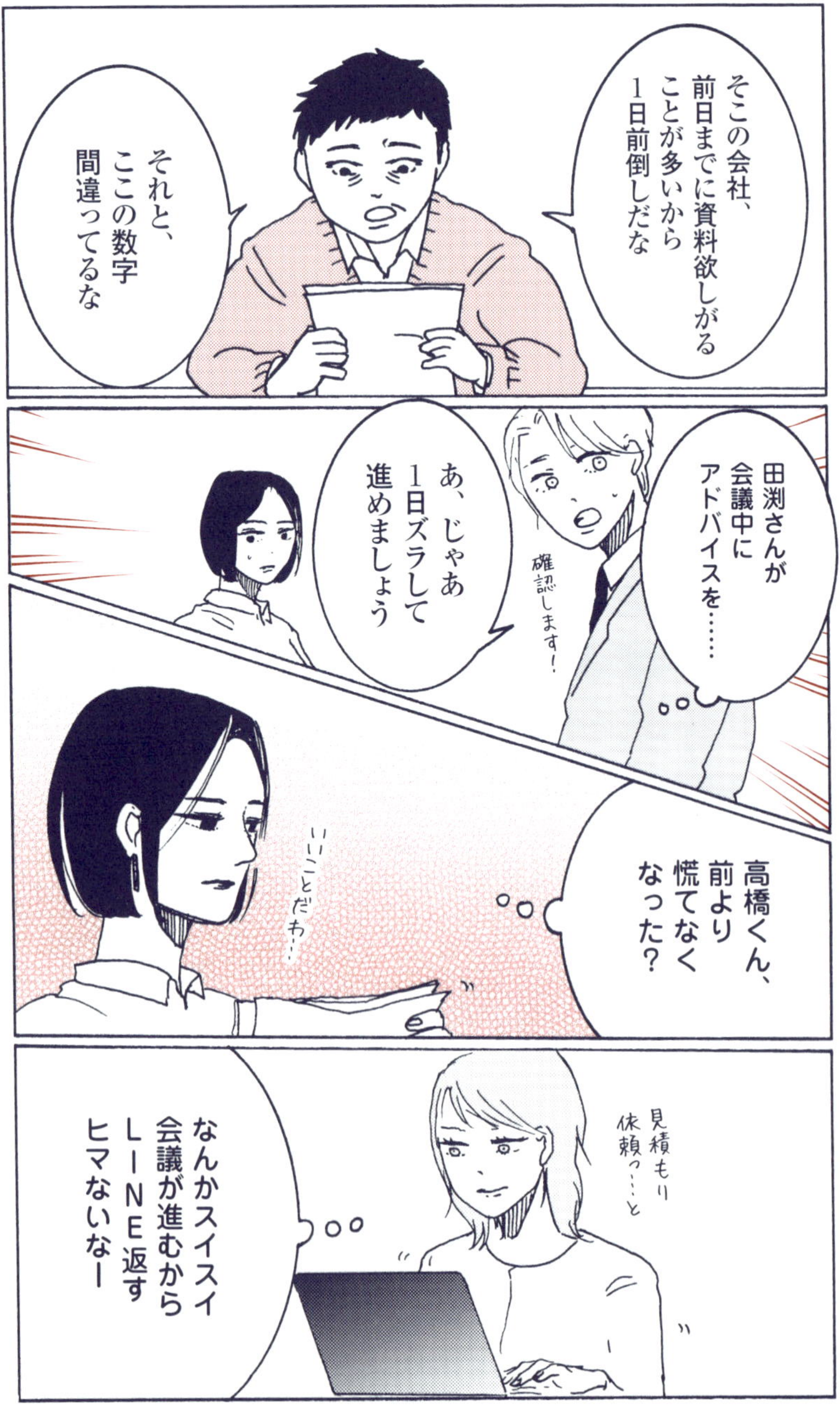
そこの会社、前日までに資料欲しがることが多いから1日前倒しだな
それと、ここの数字間違ってるな
田渕さんが会議中にアドバイスを……
確認します!
あ、じゃあ1日ズラして進めましょう
高橋くん、前より慌てなくなった?
いいことだわ!
見積もり依頼っ…と
なんかスイスイ会議が進むからLINE返すヒマないなー

はっ
会議終わる←早く帰る←彼に会わなきゃ←すぐに連絡…
あ
会議で忙しいって言ってたな……
帰ってからお疲れサマLINEしよ…
じゃあ期日までに各々進めましょう
皆さんよろしくお願いします！
お疲れさまでした〜!!
たのもしくなってきたな

十牛図とは何か

修行と悟りの境地を説く10の物語

悟りへの歩みを順に描く「禅の入門書」

十牛図とは9世紀後半の中国・宋の時代に、修行僧のために描かれたとされる10枚の絵です。いくつかの種類が存在し、日本では室町時代以降、臨済宗楊岐派《ようぎは》の禅僧・廓庵志遠《かくあんしおん》禅師が描いたとされるものが有名です。廓庵禅師とその弟子・慈遠《じおん》禅師によって、10枚の絵に漢文の「序《じょ》」と、漢詩の「頌《じゅ》」という、解説に当たる序文や詩文が付け加えられたものが普及しました。

十牛図で題材として描かれているのは童子と牛です。童子は修行僧と解釈できます。牛は禅の世界で「本来の自己」「悟り」にたとえられ、「本当の自分自身の姿」ともいえます。誰もが社会にもまれ失いがちな、心の中に本来持っている純粋無垢な存在としての自分、つまり「仏性《ぶっしょう》」です。

牛を探し求める物語が展開されますが、これが「自分とは何か」をつかむ「悟りへの道のり」を、10のステップに分けて説いていると考えられています。現代を生きる私たちにも深い示唆を与える人生の指針となるでしょう。

1 尋《じん》牛《ぎゅう》

「本当の自分を見つけたい」旅の始まり

童子が牛を探し始める場面からスタートします。牛は「本来の自己」、つまり本当の自分の姿、本当の自分の心を表しています。多くの人は思春期に自我が芽生え始め、「自分とは本当は何者なんだろう?」「自分はこのままでいいのか?」「自分はなんのために生まれてきたんだろう?」などと悩み始めます。さまざまな妄想や煩悩にもまれながらも、本当の自分(牛)をなんとか見つけ出そうと旅に出る、つまり修行が始まります。

2 見《けん》跡《せき》

「自分の歩むべき道が見つかるのでは」と希望を持つ

次に、童子が牛を探しながら、牛の足跡を見つけます。足跡だけで、牛の姿はまだ見えません。しかし、ここまで牛を見つけたいと悩み苦しみもがいてきたときに、前に進むきっかけを見つけられて、まだ旅(修行)を続けていけそうな気がします。禅ではこの足跡を、先人の祖師たちによる修行、経典や公案などに見出そうとします。自分の牛はやっぱりいるのかもと予感する、年齢で言えば10代の終わりから20歳頃までとなります。

3 見《けん》牛《ぎゅう》

「自分が何者か、少しだけわかってくる」段階

童子が足跡をたどっていくと、木陰に牛のお尻を見つけます。牛の全体像は見えませんが、確かに牛がいることはわかりました。20歳を過ぎたあたりで、人生の中で自分が何をしていきたいか、実際に何ができそうか、それまでの経験や環境から現実的に考え始める頃です。牛を見つけて嬉しい反面、牛の全体をとらえること、つまり現実を直視するのが怖い思いもあります。禅では、修行の道はまだ長いものの、ぼんやりと悟りへの片鱗が見えかけたという段階です。

4 得《とく》牛《ぎゅう》

「迷い、暴れる牛」（自分の心）との闘い

牛を見つけたので捕まえようとしますが、首に縄をかけても牛は暴れ、うまく捕まえられません。修行をして悟りの片鱗が見えたものの、なぜかうまく牛が捕まらない、つまり悟りへと素直に進めません。ここでこのとき邪魔をしているのは自分自身の欲望や、煩悩、執着心だと解釈できます。人生では、学校を出て社会人になり、仕事でもプライベートでも異動や結婚などの岐路で迷い、迷って選択しても、また迷う時期です。本当の自分の心は納得しきれず暴れているのです。

5

牧《ぼく》牛《ぎゅう》

「牛を飼いならせる」充実感と怖さ

童子はなんとか牛を手なずけることに成功します。禅では修行の意味もわかり始め、このまま進めば悟りに近づくと思える時期です。10の物語も折り返し地点で、人生でいうと、30歳を過ぎてこの先の方向性が見えてきた頃です。しかし牛を飼いならし始めたこのときが、一番怖いのです。それは自分は何者かという悩みや（尋牛）、心の迷い（得牛）から解放され、思考停止してしまう怖さです。考えることをやめる、つまり旅の歩み（修行）を疎かにすれば、道を踏み外すと警告しています。

6

騎《き》牛《ぎゅう》帰《き》家《か》

「牛と一体になって家に帰ってくる」悟りへ

童子が捕まえた牛の背に乗って、笛を吹きながら帰っていく場面です。童子と牛が一体となる、つまり、自分と本当の自分とで心が一つになり、悟りが得られた状態です。人生では40代の頃です。自分の中でこれまで闘ってきた迷いも消えていき、仕事にも自信が持てるようになり、社会的にも責任ある立場につき、私生活では子供や家など、自分が過ごすべき居場所が確立される時期です。充実感を持ち満足している一方で、人生に対して別の角度や新たな視点を持てるようにもなります。

7 忘《ぼう》牛《ぎゅう》存《ぞん》人《じん》

「悟ったことすら忘れてしまう」悟りの境地

帰るべき場所に帰ってきた童子は、ゆっくり過ごしています。悟って無事に家に帰ってきたので、やっとの思いで飼いならした牛のことは、もはや忘れていいのです。つまり、自分が悟りを得たということすらも忘れることこそが、悟りの境地というわけです。これまで感じてきた葛藤や、探し求めてきた悟りすらも、自分自身の心の内にあった実体のないものだと気がつく、修行の最終段階を表しています。穏やかで幸せな人生の頂上ともいえる時期です。

8 人《にん》牛《ぎゅう》倶《ぐ》忘《ぼう》

「すべてを捨てる」無の世界

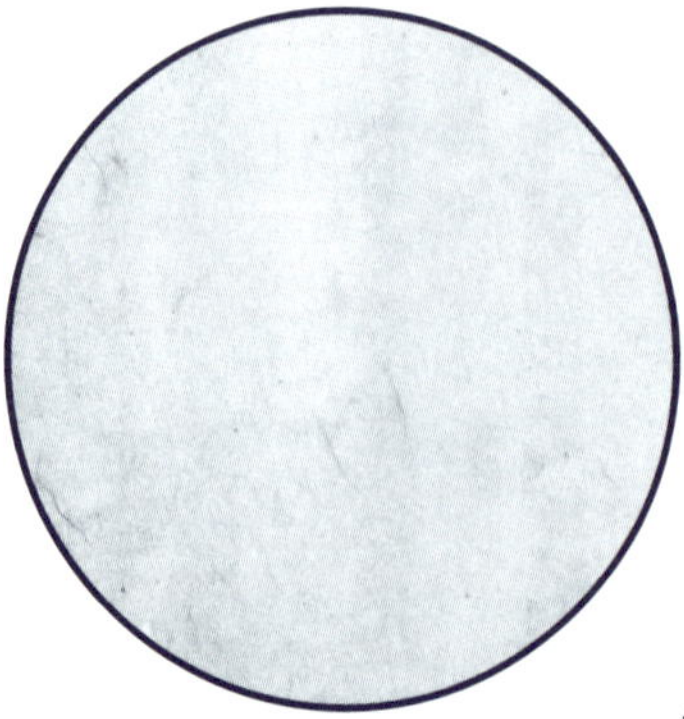

絵の中に童子も牛もいないどころか、何も描かれていません。人も牛も忘れ去られ、あらゆる迷いも、自分が至った悟りすらも消えた、完全な悟りの状態です。禅では真理や仏性、宇宙を円形で象徴的に表した一円相（円相図）とも呼ばれます。この絵は絶対的「空」、つまり「無」の世界を表し、これまで旅に出てから探してきたものや得てきたものすべて、ここで捨てるようにと解釈できます。人生でも同じことです。実績や肩書きや手に入れてきたものなど、すべて捨て去るときです。

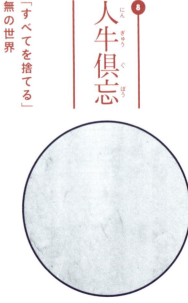

9 返《へん》本《ぽん》還《げん》源《げん》

「あるがままに還っていくこと」

童子も牛の姿もなく、自然の風景だけが描かれた絵です。自然はあるがままにそこに存在し、季節によってその姿は常に移ろいでいくけれど、この変化していくことこそが変わらない真理である、ということを教えてくれます。返本還源とは「あるがままの姿に戻り、再び始まりに還る」という意味です。ここまで、悩み苦しんで修行してきたけれど、悟りに至っても何かが変わるわけではなく、結局、自然のように、本来のあるがままに戻って生きていくということです。

10 入《にっ》鄽《てん》垂《すい》手《しゅ》

「最後は世間に戻り、教えを伝えていく」

最後の絵です。童子は僧侶の姿（布袋様）になっています。「鄽《てん》」とは人が住む町のことで、「垂手《すいしゅ》」とは人々を教え導くことです。つまり俗世間である町に出て、人々に禅の修行や教えを説いていくという意味です。それも、優しい笑顔で描かれた僧侶は、手に持っているひょうたん（酒）を差し出し、「さあさあ」と、お酒をすすめているようにも見えます。悟りを自分一人のものとせず、堅苦しく説法をするというより、町の人々と同じ視点を持って禅を伝えようとしている様子だと解釈できます。

DARUMA'S POINT

01

「十牛図」とは禅の
悟りへのプロセスを
10枚の絵で表したもの

牛は「悟り」の象徴

02

「本来の自己」に
迷いながらも進むことが大切

03

自分の人生と
照らし合わせることで
今の自身を見つめ直すきっかけとなる

五章

日常生活での実践

〜禅を取り入れる〜

禅をつかみ始めたメンバーたちへのすすめは、
普段の生活に取り入れること。
そんなダルマの狙い通り、
少しずつ全員の気持ちや行動に
変化の兆しが?!

18:25 18℃
そろそろ終業時刻だわ……
今日も一駅歩いて帰ろうかしら
ここまでは知識の話をしてきたが
禅はそもそも行動してこそ意味があるんだ
毎日の生活でできることから実践じゃ
もう始めている奴もいるかもしれないな
チラ…

俺はたいしたことじゃないんだけど、もともと焦りやすいから
前より朝30分早起きすることにしてるよ
短時間だけ坐ったり
ちょっと気づいたところを片づけたり
ギリギリまで寝てるとできないことをして
会社にも余裕を持って着けるから落ち着いてスタートできるようになった
コーヒーで一息
そんな感じで朝はいいんだけど、夜はあまりメリハリないかも……
なるほど
そうじゃ
!!

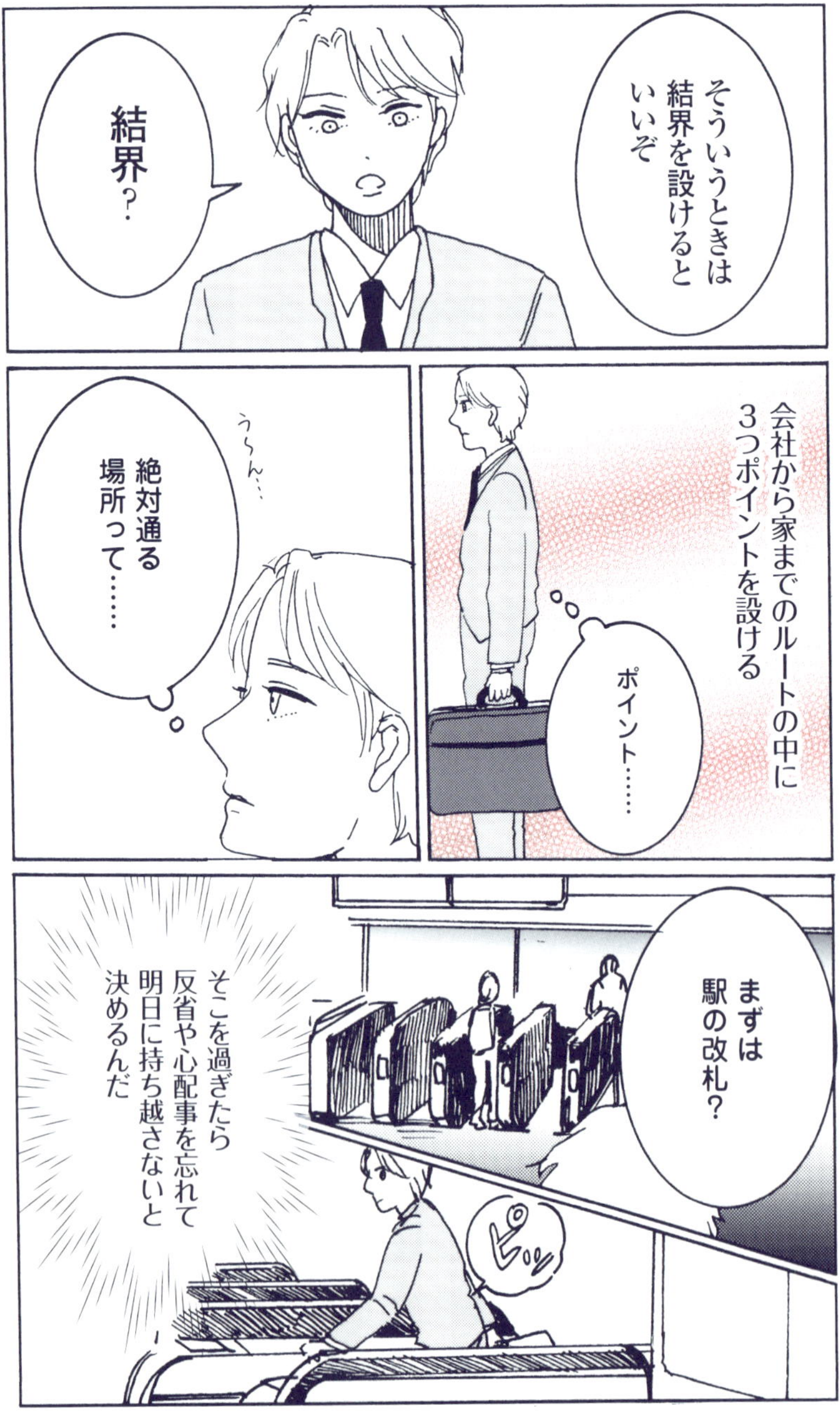
そういうときは結界を設けるといいぞ
結界?
会社から家までのルートの中に3つポイントを設ける
ポイント……
うーん…
絶対通る場所って……
まずは駅の改札?
ピッ
そこを過ぎたら反省や心配事を忘れて明日に持ち越さないと決めるんだ

……
はっ
うっかりすると仕事のこと考えちゃうな……夕飯何にしよう……
……
2つ目はこのお寺の前かな
ポイントを過ぎるごとに、心をしずめ、気持ちを穏やかにする
結界1
結界2

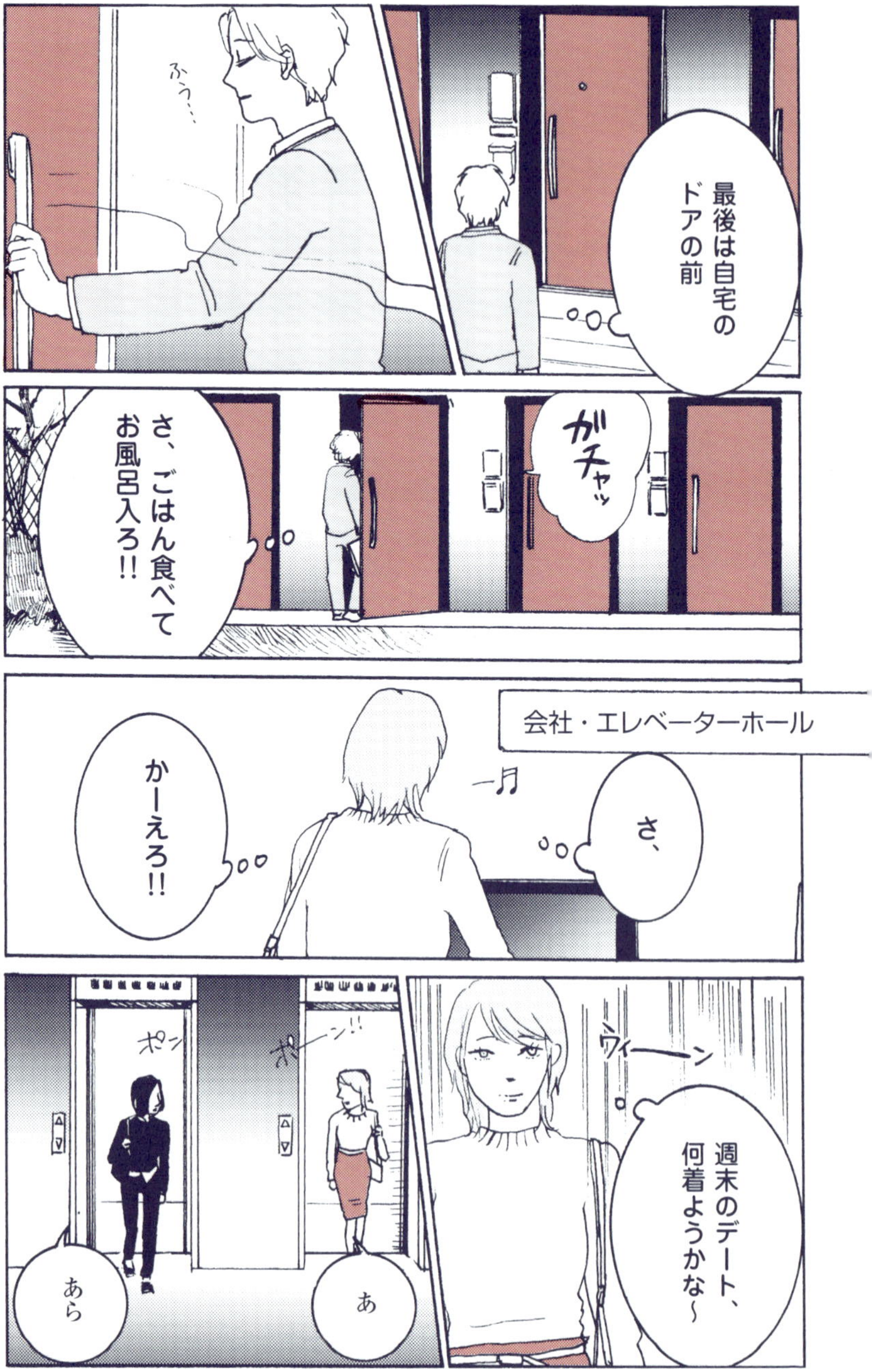
ふぅ…
最後は自宅のドアの前
ガチャッ
さ、ごはん食べてお風呂入ろ!!
会社・エレベーターホール
さ、
♪
かーえろ!!
ウィーーン
週末のデート、何着ようかな～
ポーーン!!
ポン
あ
あら

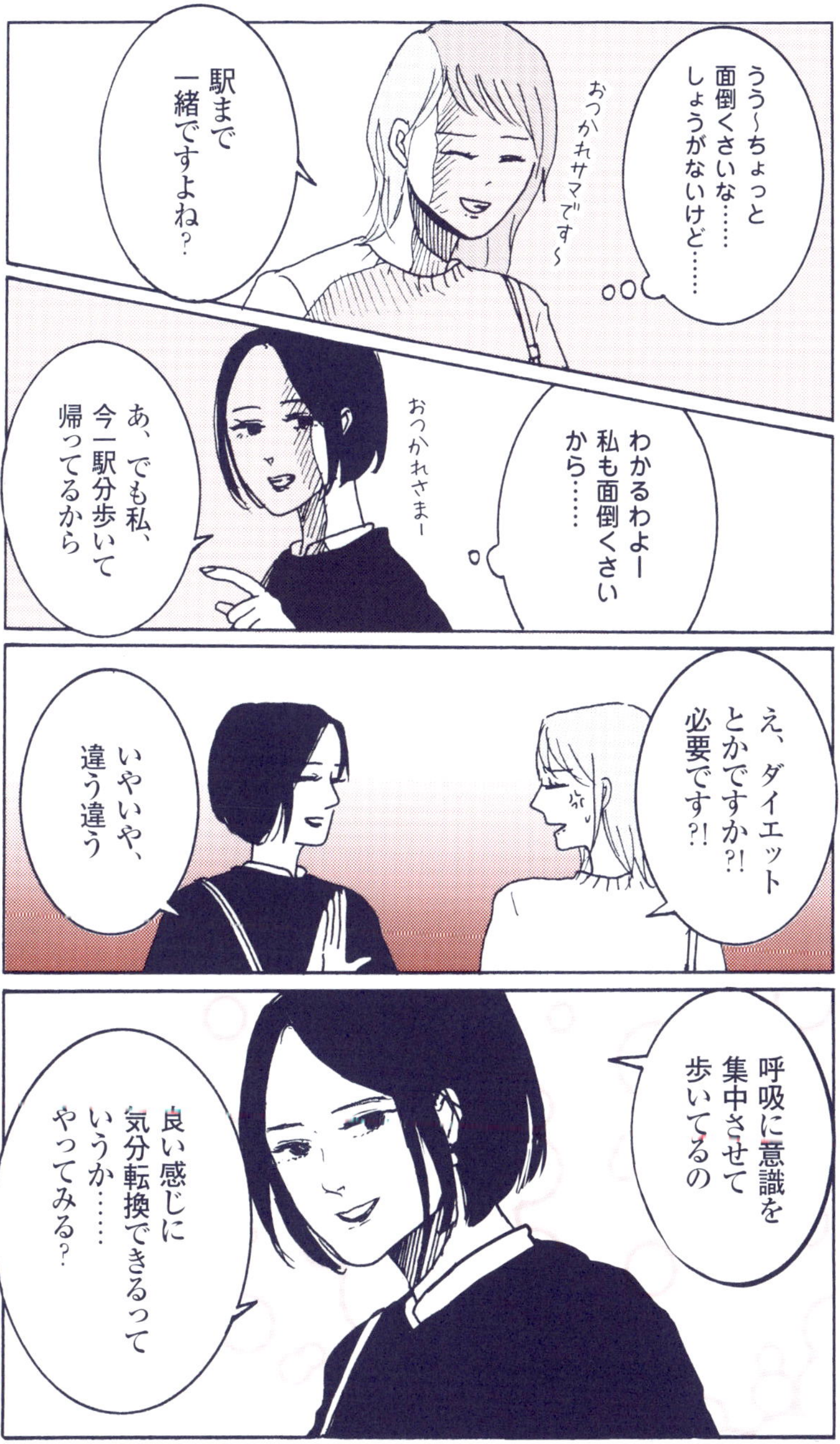
うう〜ちょっと面倒くさいな……しょうがないけど……
おつかれサマです〜
駅まで一緒ですよね？
わかるわよー私も面倒くさいから……
おつかれさまー
あ、でも私、今一駅分歩いて帰ってるから
え、ダイエットとかですか?! 必要です?!
いやいや、違う違う
呼吸に意識を集中させて歩いてるの
良い感じに気分転換できるっていうか……やってみる？

何かコツはあるんですか？
腹式呼吸でやるといいそうよ
へえー、ただ歩くよりいいかも
それと、姿勢良く自分のペースで歩くこと！
慣れるまでちょっと大変…
短時間だけどスッキリするの
…プ……今私たちヘンですよね……？
並んで無言で歩くって…
スタ スタ
スタ スタ スタ
……もう!!考えたら笑っちゃうから!!
なんだ、思ったより話しやすいんだな
誘ってみて良かったかも

帰宅後
ガチャッ
ただいまー
おかえりなさい
ねえ、あの娘の合宿のお迎えなんだけどさ
うん、何日？
——28日……
待って
金曜か。今のところ何もないな火曜までにははっきりさせる
18時半に駅に着くみたい……
わかった
え、じゃあ私、美容院行ってもいい？
あなた行けそう？
ああ
行ってきなよ……何？

ううん、ありがとう
今は仕事落ち着いてるの？
うーん、ぼちぼちかな……
でも最近あんまりイライラしてないじゃない
そうか？
よくイライラすることを「頭にくる」って言うが
頭に上げないようにすればいいらしいぞ
へえ…
はい、コーヒー
この前、禅寺に修行体験に行って
教えてもらったんだけどな
ありがとう

ゆっくり
深呼吸して
怒りを腹におさめる
ようイメージする
イライラ
ライン↓
それから
心の中で言葉を
3回唱える
「落ち着いて」とか
「大丈夫」とか
なんでもいいらしい
短気なあなたが
そんなこと
やってるの?
何……?!
イラッ
ほらほら、
深呼吸~
休日・カフェ
最近かおり
なんか変わったね
落ち着いてきた
ように見える

人の前でスマホ触らなくなったし
今まで
ちょっと彼氏にLINE～
あ、あの子たち一緒に遊んでる～!! イイな～!!
心ここにあらずって感じじゃなくなった
それでね…
うん
顔見て話すって大事なんだな～
あ、そうだ、他部署への相談、早めにしなくちゃ

お願い事だし、面倒くさいけどメールじゃなくて直接聞きに行くか！
はい、今日もピカピカ!!
ありがたい
掃除は禅の基本中の基本だ
ピカピカ
そうなの？
部屋の汚れは心の汚れと考える
キレイにすることだけ考える!!
心のちりを拭う気持ちで取り組むことじゃ
え〜じゃあ続けてみよ〜!!
聞き耳
うーん、掃除かあ……

よし、俺はまずこの机をどうにかしなくては……
時系列とジャンルで分けて…
必要なものだけ机に残す
ふう…
高橋くんの机の上のそれは、禅の本?
あ、そうです買ってみたんです
ふうん……
読みますか?

うん、よかったら貸して
もちろんです
——と、今日、例のクライアントへのプレゼンだよね
午後から…
あ、はい!! 資料も田渕さんのアドバイス通り、昨日送りました!!
おい、高橋、そのことだけど
昨日出た追加資料あるだろ あれ木崎に渡しておく
はい!!
ありがとうございます!!
念のためデータも頂いていいですか
もう送ってるぞ

14時からってことは余裕みて12時半出発ですね
42分の電車です〜
帰りは雨のようなので傘持って行ってくださいねー
聞かれそうなことは大方資料に載ってるから
わからないことは持ち帰ってくればいい焦るなよ
プレッシャー感じずにのびのびやってきなよ
……
ありがとうございます

高橋くん、落ち着いて一緒に頑張りましょう
はい！頑張りましょう！

禅的生活のすすめ

禅の基本的な４つの動き

実践を重んじる禅の教えの一つに、「行住坐臥」があります。行住坐臥とは、坐禅や読経だけではなく、日常的に行うすべての行動が修行であるという教えです。４つの動作を指して「四威儀《しいぎ》」ともいいます。そして「威儀即仏法《いぎそくぶっぽう》」、つまり、この日常の立ちふるまいを調えていくこと自体が仏の教えであると伝えています。

禅的生活の第一歩は、身体の姿勢を調えることから。頭のてっぺんから尾てい骨まで一直線になるよう、背筋をのばします。前かがみや重心の偏りに気をつけ、自分の身体を観察します。これが基本の姿勢です。坐禅のときだけでなく、普段から姿勢を意識しましょう。

次に、日常の行動に意識を向けてみます。禅的生活のキーワードは、すべてのことに「心を込めて」、「ていねいに」。作務の中心である掃除をはじめ、動作一つ一つを見直してみましょう。

行く（歩く）＝行《ぎょう》

とどまる＝住《じゅう》

坐る＝坐《ざ》

臥す（寝る）＝臥《が》

普段の生活でも
真似したい
「身体」と「行動」の
指針！

坐禅をする

すすめ 1

歩く禅

改まって坐る時間が取れないときでも、例えば通勤や通学の時間を利用して禅を行うこともできます。歩く禅です。ウォーキングしながら、意識は呼吸に集中します。しっかりと吐き切り、ゆっくりと吸う腹式呼吸を繰り返しながら、進みます。毎日続けていくことで、歩きながらでも思考や感情が整理されていくようになります。

いす坐禅

坐禅は、いすでも行えます。畳や床に坐れないオフィスの中でも、気軽に試しくみましょう。仕事の休憩中、5分程度の短い時間でも、毎日繰り返し坐禅をする習慣を持つことで、頭がスッキリとし、物事の核心をつかみやすくなります。心にも余裕が生まれてくるので、ささいなことにイライラしたり、動じたりしなくなります。

1 車輪などで動かない、安定したいすを選ぶ

3 足は肩幅ぶん開いて床に足裏をつける

② 浅めに坐り骨盤を立て、腰を安定させる

⑤ 深い腹式呼吸を繰り返す

④ 肩や首など上半身はゆったりとして力まない

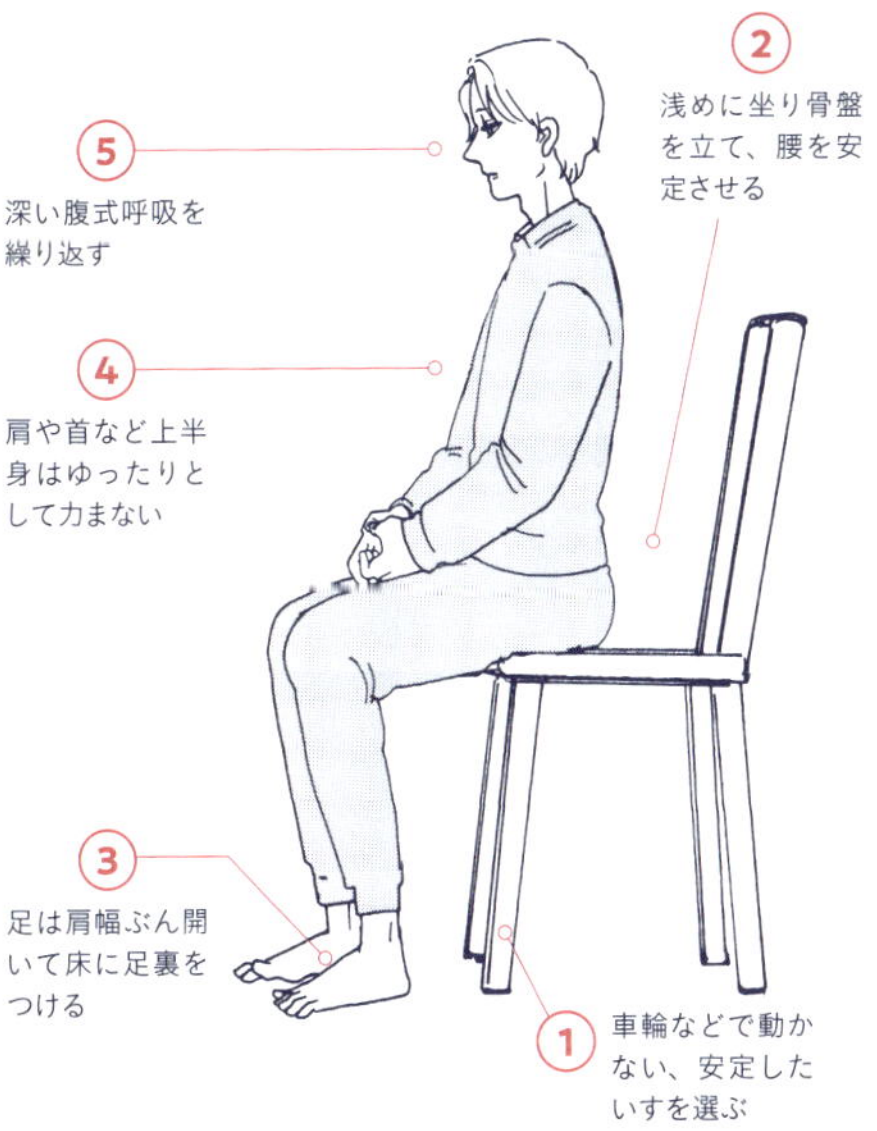

すすめ2

掃除をする

心の汚れを拭う気持ちで

お寺の中は、境内も建物も隅から隅まで掃除が行き届き、ちり一つないように清められています。修行僧たちが身体すべてを使って、汗を流しながら、毎日繰り返しあらゆるところを磨いているからです。掃除は修行の一つとして、自分の心の中まで清めるという大切な意味があるのです。

普段の生活でも、年末や、誰かを招待するなどの特別なタイミング以外でも、部屋の中は整えておきましょう。毎日、掃除をする時間帯を決めておき、短時間さっと行うだけでも、汚れはつきにくくなります。

部屋を美しく保つことは、心を美しく保つことです。ほこりやちりを捨てることは、心の中から雑念を取り除くこと、床や壁を磨くことは、心の乱れやモヤモヤを拭い去ることと同じです。いつも自分の心の中を点検するつもりで、毎日少しずつでも掃除を行い、習慣化しましょう。

すすめ3

経《きん》行《ひん》タイムを作る

上手な気分転換を

修行の際、40分程度続いた坐禅のあとには、立ち上がって歩く時間が設けられています。これを「経行」といいます。修行僧たちがみんな足並みを揃え、呼吸を調えながら、ゆっくりと歩きます。坐禅で凝り固まった身体をほぐし、気持ちをリフレッシュさせるためにも大切な時間です。

　普段の生活でも、経行のような時間を意識的に作ることが大切です。集中力には限界があり、ダラダラと続けても良いことはありません。疲労を感じたり、気分が乱れ、今やるべきことに徹することができないと感じたときは、気分転換のタイミングです。

　可能であれば窓を開けたり外出したりして、少しでも外の空気を吸うのがおすすめです。街路樹の緑を眺めたり、風を肌に感じながら、ゆっくりと深呼吸をしてみましょう。身体もほぐれてきます。この時間があるからこそ、メリハリがつき、また新鮮な気持ちで目の前のことに集中して取り組めるようになるのです。

禅的生活モデル

朝・昼・夜ですべきこと

朝
Morning

- ☑ 今より30分早く起きる。
- ☑ 起床後すぐ部屋の空気を入れかえる。
- ☑ 曜日ごとに場所を決め、短時間で掃除する。
- ☑ 朝食はしっかりとる。「ながら」食べをしない。
- ☑ 余裕を持って家を出発。目的地の一つ手前の駅から歩くとベター。
- ☑ 木々の色の変化、風の冷たさなど、自然に触れて気分を新鮮に保つ。

↓

1日の質が決まる。モチベーションもアップ

忙しい生活に禅を取り入れるには

禅的生活のために、1日を時間帯で区切り、行動を決めましょう。朝は早起きしてさっと掃除を。月曜は玄関、火曜はトイレなど場所を決めておくと、部屋をきれいに保てます。朝食をしっかりとったら目的地まで一駅分、自然に触れて歩いてみましょう。

午前中は手のかかることから取り組み、流れを作ります。おしゃべりしながらの書類整理など、忙しくて

昼

Noon

- ☑ 午前中は、面倒で大変なことから取り組む。
- ☑ 一つ一つに集中して「ながら」仕事はしない。
- ☑ 休憩は徹底的にする。完全に頭も休める。
- ☑ ランチは食べすぎず、腹八分目。
- ☑ 夕方は気分転換で外の空気を吸うタイミングを作る。

パフォーマンスが上がる

夜

Night

- ☑ 帰路で腹式呼吸を繰り返しながら歩く禅(P.153)を実践する。
- ☑ 坐禅、アロマ、ヒーリング音楽などで心を解放する。
- ☑ 判断が必要な物事を考えたりしない。
- ☑ 1日の無事を感謝する。

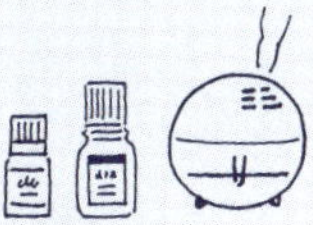

心も身体もリラックスさせる

も「ながら」は厳禁。ランチは腹八分目にして午後の眠気を抑え、夕方は能力も衰えてくるので、なるべく外の空気を吸います。

夜は思考するより、感性を豊かにする時間を大切に。坐禅やアロマの芳香浴などで頭を休めて穏やかな気持ちで眠りにつきます。

禅的生活のヒント

気持ちにメリハリをつける

「結界」を作るポイント

STEP 1

オフィスの
エントランスやロビー、
最寄駅の改札口
など

▼

STEP 2

途中にある店や
公共施設の前、
自宅の最寄駅の改札口
など

▼

STEP 3

自宅の門やドアの前、
マンションの
エントランス
など

▼

心の切り替え!!

ヒント 1

「結界」を設ける

お寺には三解脱門《さんげだつもん》という3つの門があります。お寺の外は俗世界、境内は涅槃《ねはん》の境地で聖なる世界として、門が異世界との境界線になっています。これは門をくぐるごとにさまざまな煩悩から解脱し、清らかになっていくための「結界」です。神社の鳥居も同じです。

普段の生活でも、同じように結界を作れます。会社からの帰り道で毎日必ず通る場所に、3つのポイントを設けます。そこを通り過ぎるごとに、仕事でのストレスや考え事などを手放していく意識を持つことで、外での出来事を家まで引きずらないよう、心を切り替えるのです。

ヒント 2 家の中でも「結界」を

自宅でも、気持ちを切り替えるための結界は作れます。仏壇やお札やお守り、家族の写真立ての前など、自分で神聖な場所としてポイントを決めます。そこで朝はお線香をあげたりお茶をお供えし、今日の予定を告げて無事を祈ります。その日の過ごし方を自分で確認できます。夜は1日を省みて無事に過ごせたことを報告します。この場所と習慣で、穏やかな気持ちが作れます。他にも「9時になったら区切りとする」など、時間で結界を作ることもできます。

　禅では、目の前のことに徹する一方で、時間がきたらいっさいを忘れて切り替えていくことも、また大切にしています。

ヒント 3 「一息《いっそく》に生きる」

忙しい生活では、常に同時並行で何かを行う「ながら」をしがちですが、禅においては厳禁です。中途半端な結果しか生まないと考えます。人と会っているときはスマホは触らず、相手に集中し、会話にしっかり耳を傾けます。コーヒーをいれるときは、銘柄や湯温、抽出時間に注意して最高の味を出せるよう心を込め、飲むときも飲むことだけに集中して味わいます。

　動作すべてに、命を込める。こうしたことを「一息に生きる」といいます。ひと呼吸する瞬間・瞬間に全力を傾けて生きるという意味です。忙しいときほど、どんな動作にもひと呼吸おき、心を込めて、ていねいに行うよう意識することで、気持ちに余裕が生まれるのです。

おはようございます
おはよう
ございます〜
みんな朝に余裕を持つようになったわね……
禅ではていねいに心を込める…
字もキレイに…と
こっちは高橋に、
こっちは木崎に…

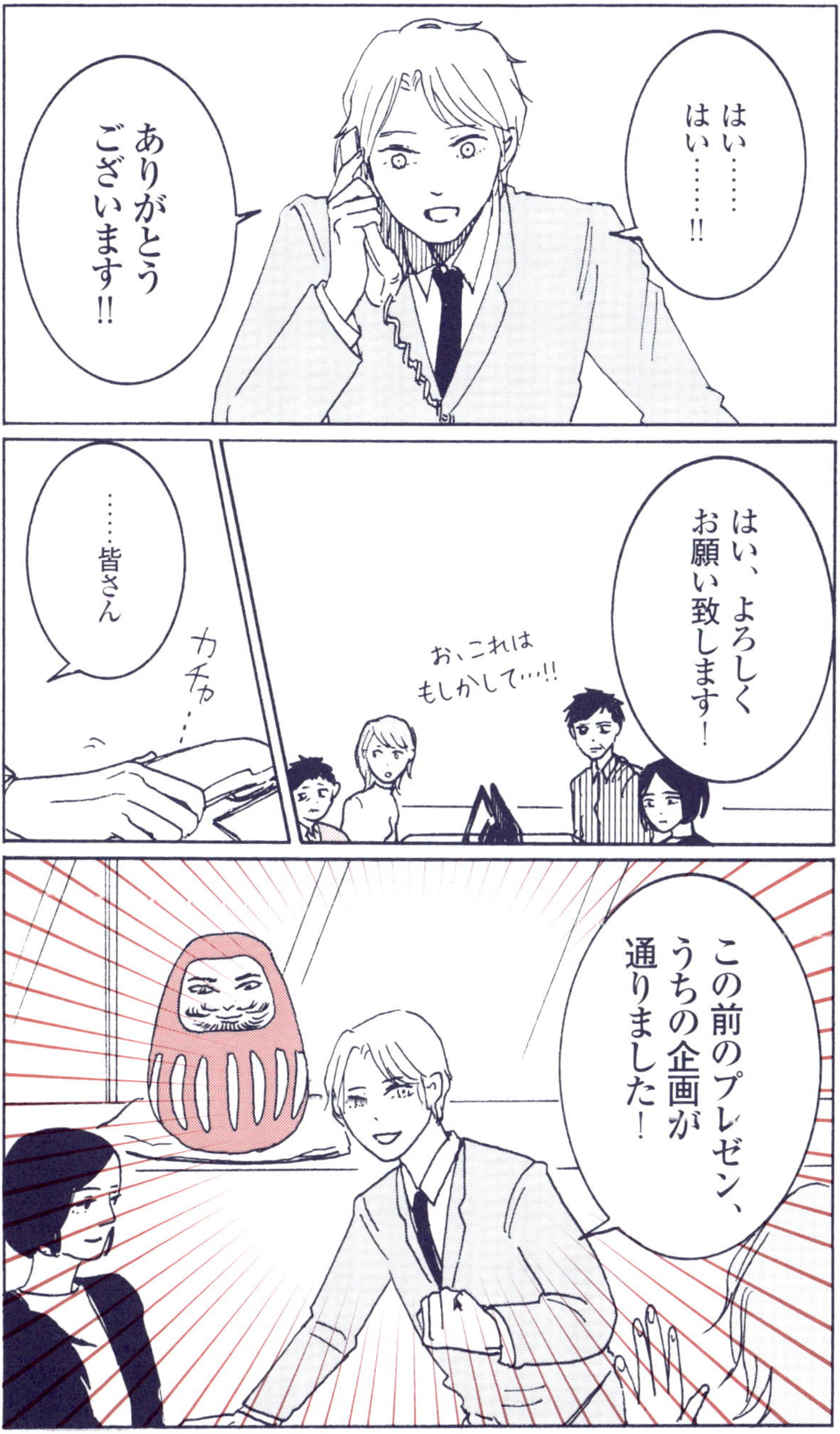
はい……
はい……!!
ありがとう
ございます!!
はい、よろしく
お願い致します！
お、これは
もしかして…!!
カチャ…
……皆さん
この前のプレゼン、
うちの企画が
通りました！

おお、それはおめでとう!!
社長！
よくやったな
さて、じゃあそろそろダルマを引き取ろうかな
お、ピカピカだな
久々だの
え……
開運ダルマだと言っただろう？

君たちに先が見えたのなら
おい、社長もダルマと話してるぞ…!!
仲良しなの…?
さぁ…
またしてもビックリ…
ダルマには他の部署にも行ってもらわなきゃね
……廓《かく》然《ねん》無《む》聖《しょう》
禅の本質を表す達磨の言葉だよね
プロジェクトのためにこれまで他の人の考え方とかやり方とか、自分の視点で勝手に評価してたけど
禅からもっと大きな心で「とらわれない」ってことを学んできた

少し寂しいけど
これからはみんなで
立ち向かっていきたい
と思うよ
高橋……
わしも木崎ちゃんや
篠原ちゃんと会えないのは
寂しいぞ……
えっ
そっち!?

もう……
ここから進行を組み立てるので、また皆さんご意見ください！
はーい!!
高橋くん、いい顔になったわね
よしよし、ここからが本当の始まりかもしれん
みんなが「主人公」のチーム、じゃな

DARUMA'S POINT

01

禅では「行住坐臥《ぎょうじゅうざが》」
生活のすべての行動が
修行であると考える

02

普段の生活に禅のエッセンスを
取り入れると、心も身体も調う

03

一つ一つの動作すべてにおいて
「一息《いっそく》に生きる」
心を込めて、ていねいに行う

禅を取り入れて
生活にメリハリを
つけるんじゃ

禅で解決！

枡野和尚の人生相談

Q＆A

心配、不安、執着や嫉妬など、
ネガティブな心の問題や状況に、
禅はどう答えるのか？
監修者・枡野俊明和尚による
禅的な回答を授けます。

QUESTION

上司からの命令や指示に納得いきません。うまく言い返すにはどうしたらいいですか？

枡野's Answer

まずは一回、相手を認める。その後、自分の提案も出す。最終的には、自分が主体になって結果を出せるように頑張りましょう。

例えば上司に、絶対にその方向ではうまくいかないと思うことを、「それでもやれ」と言われたとします。立場上、一方的にグッと飲み込むしかないというときもあれば、「それは違いますよ」と言い返せることもあるかもしれません。しかし意見を言えたところで、いきなり否定から入ると、上司もカッとして、さらにボルテージが上がってしまうでしょう。否定的な言葉で言い返しても、また同じように否定的な言葉が戻ってきてしまうもの。言葉だけで解決するのは難しいのです。

そんなときは丹田呼吸です。息を丹田（への下）まで落とした、深い呼吸を何度かしてみましょう。その後、まずは一回、相手の発言を部分的に受け入れてみるのです。「確かにそうですね、〇〇さんの案は理にかなっているところがあり、賛成です」と、全体の30％くらいだけでも認めてみる。すると、相手も自分の意見を聞いてくれたと思い、警戒心が解かれていきます。そのあとで「実はこの部分についてはこうしたほうがいいのではと思うのですが、いかがでしょうか」と提案をしてみる。相手も一度、自分の意見が採用されていると、こちらの提案にも100％の否定はできないものです。結果、互いの中間案を導きやすく、一方的にこちらが黙り込むことにはなりません。丹田呼吸によって、落ち着いた心で話ができるのです。

一方で、提案をするならば、実際に最終的な成果をきちんと出す必要があります。例えば100％のうち、30％は相手が、30％は自分が認める案で仕事が進んでいたとき、残りの40％はグレーなままです。そのグレーな部分も、自分が「主人公」となって主体的にやり切り、結果に結びつけなくてはなりません。相手のことも認めつつ中間案を導くだけでなく、最終的には行動で示し、行動で認めてもらうことが大事なのです。

QUESTION

職場に苦手な人
（上司、同僚）がいます。

枡野's Answer

相手の別の側面に
気づけるかどうか。
どうしても嫌な場合は、
自分の中でそういう人だと
位置付けましょう。

一口に苦手と言っても、いくつか段階があります。まず「なんとなく嫌だ」と感じるとき、その人の職場での一面しか見ていないことが原因かもしれません。例えば、テレビではにぎやかでハデなふるまいの芸人が、プライベートではもの静かな人だというケースは実際に多くあります。同じように、会社の中での主任、リーダーといった役割から、皆をまとめるために「少し偉そうにふるまわねば」と思い、そうしている人もいるでしょう。そこに気がつけるかどうかです。人は多面的であり、その人の他の面が見える機会があれば、そちらを自分の中で位置付けてみましょう。

　ところが、どうしても「この人は苦手だ」という場合もあります。この段階なら、仕事上差し障りない程度に付き合えば良いでしょう。会社は仕事を進めるために人が集まっている組織です。同じ部署などに所属している以上、異動のタイミングまでは、業務を進行させるためには仕方がないと割り切ることも大切かもしれません。

　他にも、嫌われるタイプに、手柄を全部自分のものにしてしまう人がいます。これは、本人以外全員がわかっていますので、いつか必ずボロが出ます。悪事千里を走る、ということわざがあるように、誰かが必ず見ています。また他にも、その場その場で言うことがコロコロ変わるタイプの人もいます。おそらく真剣に考えて発言をしていない人ですが、自分の中でそういう人だとあらかじめ位置付けておけば、いちいち腹も立たなくなります。

　いずれにしても、どんな人でも、相手を変えようと思っても絶対に変わりません。変わらないことに対してこちらが心理的な負担を負うより、むしろ自分の考え方を変えるほうがずっと楽なのです。

相手より自分の考え方を
変えたほうが楽です

QUESTION

いい企画のアイデアが思いつきません。

枡野's Answer

坐禅で、思考が流れやすく、アイデアが生まれやすい頭を作りましょう。

これは簡単です。どんなに忙しい日々の中でも、できるだけ、頭を休めて心を解放し、穏やかにする時間を持つことです。それにはやはり坐禅がおすすめです。静かに坐ることで、今、何が本当に大事なことなのか、押さえるべきツボが客観的に見えてくるようになります。すると頭がだんだんと整理され、自然と発想が湧きやすい状態を作ることができます。

もともとアイデアとは、散歩をしたり、自然に触れたり、お風呂に入ってボーッとしているときなどに、ふと生まれたりするものです。「考えなくては」という思いにとらわれすぎないことが、アイデアが生まれやすい状況には必要なのです。

坐禅をすすめるのは、無になる時間が作れるからです。無になるというのは、心をひとところにとどめないこと、一つの物事を頭にとどめないことです。

静かに坐っていると、良いことも悪いことも含めて、絶えずいろいろな思いや考えが浮かんでくるでしょう。その、次々に浮かんでくる思いを否定したり、打ち消そうとしたりすると、かえって心がそこに執着してしまいます。どんな思いもそのまま流し続けておくことで、一つのものへのこだわりから解放されたり、一つの考えに固執したりすることがなくなります。坐禅によって思考を流れやすくするのです。こうして一つの思いにとらわれないことで、より広い視点やひらめきを得られるようになるでしょう。

今は情報を摂取する機会が多いものの、情報に対して自分なりの考えを持ったり、本質をつかむことは苦手な人も多いと思います。普段から坐禅の習慣を持つことで、結果的に、多くの情報に振り回されたり、何かにとらわれたりすることのない、やわらかな頭を手に入れることができるようになるでしょう。

QUESTION

今の仕事が自分に合わないので転職したほうがいいか悩んでいます。

枡野's Answer

さまざまな仕事の積み重ねがあってこそ、大きな仕事が成り立っています。

今合わないと思っている仕事は、実は、人生の中で自分が選んできた結果です。思い返してみましょう。少なくとも、就職・転職活動時に、興味を持てそうな企業に応募しているのではないでしょうか。学生時代は、得意・苦手科目から文系か理系か、何を専攻するかなど、おおよそ方向性を定め、多くの人がその方向の延長線上にある仕事を選んでいます。実はかなり絞り込んできたのです。

そして縁があったところに就職しますが、自分にこの仕事が合うかわからない、もっと活躍できる企業に行ったほうがいいんじゃないか……、そう思う人が多くいます。特に新卒で就職したときは、すぐに自分の能力を生かせると錯覚しているのです。

しかし、最初から思い通りの仕事を任せてもらえることはほぼありません。リーダーの補助や、裏方作業から始めていくものです。ところが、こんな地味で単純な仕事はつまらない、自分の仕事ではないと思うところから間違いが始まります。狭い視野でものを見てしまっているのです。その仕事があるからこそ、大きなプロジェクトも成り立つんだと、俯瞰できる目を持ちましょう。また、自分はあくまでも今は陰の存在、まだ縁の下の力持ちにすらなれていないかもしれないが、でも自分がいなかったら基礎が崩れるんだというくらいの気持ちも持つべきです。やがて自分が上に立つとき、その経験が生きてきます。新人が何につまずき、どんな気持ちなのかがわかるからです。

禅では「行住坐臥《ぎょうじゅうざが》」といって、寝ても起きても坐っても歩いても、生活のすべて、一つ一つの動作のすべてが修行で、精進だと考えます（P.152）。一見、日々のつまらないと思えるようなことこそ、禅では大事にしているのです。どんな仕事でも、額に汗をかかないで結果を出すことはできないのです。

QUESTION

結果ばかり求められて
辛いです。

枡野's Answer

数字を追いかけるよりも、数字が自然に上がる人を目指しましょう。

結果、つまり数字だけを追いかけ始めると、数字にとらわれてしまいます。10という数字も、1と1の積み重ねで10になります。よって、一つ一つをていねいに積み上げていくことに徹しましょう。ていねいに取り組んだものは必ず関わった人に良い印象を与えるので、別の仕事につながっていくことが多くあります。

ところが、数字だけを追いかけると、なん

とか業績を上げなければ……という焦りやプレッシャーから、調子のいいことだけを並べ立ててしまいます。これはのちに評価を下げるような事態にもなりかねません。

あるべき姿とはなんでしょう。

例えばあなたがあるメーカーの営業マンだとします。自社と他社の製品で購入を迷っているお客様がいたとき、冷静に分析して、他社の製品のほうが今のお客様には必要だと思ったら、その他社の製品をすすめることができるかどうか、ということです。もしかしたら、そのとき、自社の製品は売れないかもしれません。しかし、お客様には「あの人は正直に言ってくれるから、信頼できる」と思われるはずです。のちに他の案件につながったり、次回は自社の製品を購入してくれたりするでしょう。

いかに信頼を勝ち得ていくか、一つ一つをていねいに積み上げていくかが、数字だけにとらわれずノルマを超えていくことです。信頼をきちんと勝ち得た人は、自分の努力以上に、自然と数字が上がっていくものなのです。

相手からの信頼がいずれ必ず
結果や数字につながっていきます

QUESTION

口下手で、人付き合いが苦手です。

枡野's Answer

話がうまいことが必ずしも必要ではありません。自分の武器や持ち味を生かした関係づくりをしましょう。

以前、電車で年輩の営業マンらしき方を見かけました。電車に乗っている間ずっと、ハガキを書いていました。ちらりと拝見すると、「大変暑い日が続いています。今、私は○○に来ています。お身体ご自愛ください」など、たいしたことは書いていないのです。もしかしたらその人は口下手かもしれませんが、そのハガキを送ることで、相手には印象が強く残るはずです。手書きで心を伝えることが、その人にとって存在感を示す最大の営業なのでしょう。

つまり、営業だからセールストークがうまくなければいけないのではなく、いかに相手から信頼を得られるよう行動できるか、ということです。何かトラブルが起こったとき、「あの人にちょっと聞いてみよう、あの人なら何とかしてくれるかもしれない」と思われる存在になればいいわけです。

これは仕事に限った話ではありません。どんな人間関係でも、立て板に水のような人が必ずしも良いわけではなく、いかに信用されるか、相手との関係をどう築けるか、それを考えるほうが大切であるということです。

例えば多くの人が集まるイベントや交流会などで、必ずしも上手に話ができる必要はありません。もし伝えたいことがあるなら、口下手を補えるようにわかりやすく魅力的なビジュアルで作ったチラシやカードを配って、皆が興味を持ったり納得したりするようなかたちにもっていくこともできます。読書家ならば人より多くの知識を、資料集めが得意ならば、人より多くの貴重なデータを集めてきて披露することもできます。印象に残るためにできることは、必ずあるはずです。

自分の特技や武器となるものを生かし、それを補うような言葉をほんの少し持っていれば、他の人にできない関係を築くことができます。必ずしも、「話すこと」だけが武器ではないのです。

QUESTION

悪口や文句ばかり言う人との付き合いで、心が折れそうです。

枡野's Answer

豆腐やプリンになったつもりで、うまく受け流すのが正解です。

何かにつけて悪口や否定的な文句が多い人は、自分のうっぷんを晴らしたいだけで、とにかく「言うこと」に命をかけているところがあります。そこでまずは「そうなんですか」と認め、相手の言い分をすべて吐き出させることが必要です。

こういう人は言いたいことを言ったあと、次の段階として「そうでしょう、あなたもそう思うでしょう」と、必ず同意を求めてきます。そのときは、こちらは豆腐やプリンになったつもりで対応しましょう。つまりふにゃふにゃとしたものになった意識で「はあー、はあー」と受け流すのです。イエスともノーとも言わないことです。「そう思うでしょう?!」と問われたら「どうでしょうかねえ」。決して「はい、ごもっともですね」などと言ってはいけません。強く迫られたときは「大変ですね」と返します。このような対応を繰り返していると、やがて相手は話を打ち切ります。相手のペースに乗ってはいけないのです。

QUESTION

社会人になってから、
交友関係が広がりません。

枡野's Answer

仕事や肩書きにとらわれない、趣味のコミュニティに入るのはおすすめです。

禅では「同安居《どうあんご》」という修行仲間がいます。過酷な環境下で寝食と苦労を共にし、強い結びつきを得ます。会社では同期やチームの仲間とそんな関係になれたら理想ですが、業界や立場によっては、深い関係構築に躊躇するかもしれません。社会に出ると、会社・役職名がアイデンティティで、自己紹介に「〇〇会社で〇〇をやっている」と言う人もいます。しかしその肩書きはあくまで勤務先での仮の姿。その人そのものではありません。

仮の姿ではなく、同じ価値観を持てるかどうかが大切です。例えばテニスが趣味なら、テニスサークルや地域のコミュニティに入ってみる。自己紹介では会社名を出さずテニスの話題で盛り上がりましょう。さらに関係を深めるには、自分から心を開きます。相手が困っているときは、できる範囲で力になる。逆の立場になったとき、さっと力を貸してもらえます。それがやがて信頼関係に発展していきます。

QUESTION

自分だけが頑張っていて、周りがついてきません。周囲の人とうまくやれていないと感じています。

枡野's Answer

なんのために頑張っているのか、軸をブレさせない。自分から率先して動くことで、周りも動かしましょう。

自分と周囲とに温度差があり、頑張り方や理想とする状況にギャップがある。これはどんな職場でもコミュニティでも、起こりやすい話です。このとき忘れてはいけないのは、例えば職場なら、自分がその会社を選んで入ったのは一つの運命のようなもので、その運命の中で自分がどう生きていくかを考えたとき、決して周りに気を使うばかりが仕事ではないということです。周囲とうまくやりつつも、いかにその会社という組織を通して世の中に貢献していくかを最優先に考える。これがまずブレないようにすることが大切です。

今、自分がやっていることは、みんなのためになるのか、世の中のためになるのか。自分に問い、そうであるという答えが自分の中できちんと出たら、周囲にもそれを説明しましょう。そして何より大切なのは自分がその理想のために率先して動くことです。

「行《ぎょう》解《げ》相《そう》応《おう》」という言葉があります（P.196）。言うこととやることが一致しているという意味です。禅ではこれを非常に大事にしています。自分で言って、言ったからには、きちんとやる。一方的に周囲の人に指示したり、現状への不満を漏らすだけではなく「あの人がそこまでやっている、あの人だけにやらせるわけにいかないよね」と自然と周囲が思えるように、率先して取り組む姿を見せ、模範となるのです。

人の気持ちや心をどうまとめていくかを考え続けて、自分から行動で示せば、やがて周囲が同じ気持ちになります。そうなったときに、そっと皆の背中を押してあげましょう。

なぜ頑張っているのか？
答えが出たら迷わず
自分から動きましょう

QUESTION

他人が妬ましくてたまらず、
すぐに人と比べてしまいます。

枡野'sAnswer

比べることで得られるものはありません。素直に相手を褒め、まずは自分がすべきことに徹しましょう。

今はSNSなどで簡単に周囲の人の状況がよく見えてしまうぶん、狭い人間関係の中で完結して、カーストを設けたりする人もいます。人と比べることで、自分も頑張ろうという推進力になるなら良いのですが、多くの人は妬んでいるところにとどまってしまっています。

成績、給料、学歴、持ち物など、なんでも比べることで、もし自分が劣っているとわかると他人を妬んだり、その逆ならば優越感を感じたりする。これはすべて、ただ単に、今の自分の、ごく一面での立ち位置を確認しているだけです。10人いれば10人の性格、特技があります。比べるよりも、自分より相手が秀でたものがあることに気づいたならば、まずは素直に褒めてみましょう。「それすごいね、僕(私)にはできないけど」と。褒められた人は褒めてくれた人のいいところを必ず見つけようとするので、互いに良い関係が築けるようになります。

また、何より、今、自分のなすべきことに徹することで、結果はついてきます。例えば仕事なら、ひたすら必死に取り組めば、人よりもこなす量が増え、熟練度が増すため、ミスも減るでしょう。成績や会社での評価も上がり、大きなプロジェクトに声がかかったり、栄転したりするでしょう。

このように一度良いほうに回り始めると、雪だるまのように良いことは膨らんで、流れに乗っていきます。悪いことも同じです。これを仏教用語で「善因善果《ぜんいんぜんか》　悪因悪果《あくいんあっか》」と言います。良い因縁を結ぶと良い結果になり、逆に悪い因縁は悪い結果を招くということです。いかに良いほうに転がり続けるように自分で自分を仕向けていくかが、大事なのです。

比べることにとどまって、良い方向へのチャンスとなる大きな岐路を見失うのは、もったいないことです。

QUESTION

仕事と家庭の板ばさみです。なかなか両立できません。

枡野's Answer

育児の時間は育児のプロというキャリアを積んでいます。メリハリをつけ、意識を変えましょう。

育児や家事をしているとき、それを「仕事ができないロスタイム」だとみなす社会の意識や風潮があります。でも、そうではありません。育児をしているときは、育児をしているというキャリアを積んでいます。つまり、子供と過ごすときは、子供のことだけに気持ちを集中させればいいのです。

家事も同じで、家事をしているときは、自分は家事のプロだという意識を持ち、家事だけに徹しましょう。適当にテレビを見ながら、スマホでおしゃべりしながら、といった「ながら」作業ではなく、エネルギーを注ぎ込むのです。

禅では「ながら」を徹底的に嫌い、戒めます。食べながら新聞を読めば、食べているものがどんな味か、今が旬のものかどうかもわかりません。テレビを見ながら人の話を聞いても、本当には頭に入ってきません。何においても、たとえ短時間のことでも、完全に集中することが大切です。家事をするときは家事に、育児のときは育児に、そして仕事に戻ったら仕事だけに徹するのです。

このようにメリハリをつけて集中すると、育児や家事をしているからこそ、うまく事を進める知恵を得たり、優先順位をつけて効率良く時間が使えるようになったりと、新たな気づきがあるはずです。それが次の仕事につながることもあるでしょう。こうなると、仕事をしていない時間も尊いものであり、後ろめたい、板ばさみであると感じたりすることはなくなります。

社会の意識や風潮が完全に変わるのはまだ時間がかかるかもしれませんが、先に自分の中でこのように意識と行動を変えていくことはできるはずです。

育児や家事も
大事なキャリアを
積んでいる時間なのです

QUESTION

いつも先回りして心配してしまいます。どうしたらゆったり構えていられますか？

枡野's Answer

「心配事の9割は起こらない」。将来への不安より、今やるべきことに集中しましょう。

心配しても、その通りの事態にならないことはたくさんあります。予想できる範囲で準備しリスクをつぶしておくことは大事ですが、まだ起こっていないことを過剰に心配しても、無駄になるということです。「心配事の9割は起こらない」のです。

それよりも、今やるべきことに集中しましょう。今、一生懸命やっておくことで、将来が変わるかもしれません。こうなったら・ああなったらどうしようと考えるのではなく、今、精一杯尽くせば、そうならない可能性が多分にあるのです。

良寛《りょうかん》さんの言葉に「災難に遭う時節には災難に遭うがよく候」があります。天災や事故など、いつ襲ってくるかわからないものは、受け入れていくしかありません。しかし、自分の努力で解決できそうなものは、今ひたすら頑張っておく。あくまでも人生は一瞬一瞬の積み重ねですから、将来への不安や心配より、今という瞬間に集中しましょう。

QUESTION

年齢のことを考えると、新たな挑戦がしにくいと立ち止まってしまいます。

枡野's Answer

年齢は関係ありません。今日の自分は、新しく生まれ変わった自分です。

何歳だから遅い、何歳だからやっても仕方がないということはありません。毎日が新しく生まれた日だと思ってください。昔、ある有名な禅僧は、毎晩、自分のお葬式をしたといいます。昨日の自分は死んだが、生まれ変わった今日という日こそを大切に生きるよう、毎日意識していたことがわかります。禅ではこの考え方は非常に大切です。これを「三世に生きる」といいます。

三世とは過去、現在、未来の3つの世界です。命はこの3つの世界に連なり続いていきますが、過去はすでに終わったことで、昨日の自分もすでに死に、未来はこれから生まれてきます。生死を日々繰り返しますが、「今現在」をきちんと生きることで過去が生かされ、未来も作られていきます。大切なのは、今この瞬間です。

年齢で諦めようとした瞬間、人は老います。毎日新しい自分で精一杯生きれば、体力も気力も満ちてきます。毎日が挑戦だと思ってください。

QUESTION

このまま独身かもしれず、老後が不安です。

枡野's Answer

外の声に惑わされすぎない。まずは深い付き合いができる人を大切にしましょう。

老後の心配も、独身の不安も、メディアが騒ぎすぎだと感じています。まず、結婚などは縁ものですから、ご縁があるときにすればいいのです。適齢期や世の中の標準は……と示されますが、根拠はありません。老後についても、心配なく過ごすにはお金がいくら必要だなどと言われますが、理想を積み上げるからそうなるわけで、数字に惑わされすぎてはいけません。全部がそうではないのです。理想が現実と思い込むと、年齢を重ねることそのものが不安になってしまいます。

ネット社会で交流の幅は広がっていますが、顔を突き合わせた心からの深い付き合いは、苦手な人も多いと感じます。よって、結婚も遠のく。SNSで何百人とつながるよりも、まずは、男女に限らず、本当に自分が心を通わせ合えるような人をつくることから始めましょう。

NO 01

人間関係

に役立つ禅語

嫉妬や羨望、偏見など
視野を狭める関係性から離れ、
自分の心をやわらかく保つための言葉

和顔愛語《わげんあいご》

いつもやわらかく穏やかな笑顔で、相手を思いやる言葉をかければ、気持ちが自然に和らいでいくという教えです。

ギスギスした関係性の職場でも、喧嘩をしやすい夫婦関係でも、どんな場合においても心がけたいことです。たとえ仕事が完璧にできても、いつも眉間にシワを寄せてイライラしている人に魅力はありません。職場のストレスを家庭に持ち帰って家族と喧嘩をしても、関係性は悪くなる一方です。普段から笑顔と心のこもった優しい言葉遣いを心がけることで、さまざまな人間関係は円滑になります。

柔軟心

にゅうなんしん

言葉の通り、やわらかい心を持つということです。道元禅師は、あらゆる偏見や束縛から解き放たれた身心脱落《しんじんだつらく》（P.230）の心で、悟りを得ました。

私たちは知らず知らずのうちに、自分の考えに固執したり、勝手に思い込んだり、固定観念に縛られたりしてしまいがちです。結果、いつの間にかどんどん自分の視野を狭めた見方をしてしまうのです。どんな人に対しても、すぐに敵か味方かなどで良い・悪い関係だと決めつけてしまうことなく、偏見を持たず、いつも素直に、やわらかい心で接することを心がけましょう。

主客一如

しゅきゃくいちにょ

自分を主体にし、相手を客体化して判断するのではなく、主体と客体の差を超えて、分け隔てなく物事をとらえることが大切であるという意味です。

どんな関係性でも、相手が幸せではないのに自分だけが幸せということはありません。仕事では競合他社を、恋愛では同じ人物に好意を寄せる人を敵だとみなして相手の邪魔をしたくなるかもしれませんが、それは自分の得だけを考えているからです。相手の立場も自分と同じように大切だと考え、ライバルとして堂々と向き合い、切磋琢磨し合える関係を築きましょう。

慈眼

じげん

観音経にある「慈眼《じげん》視《じ》衆生《しゅじょう》　福聚《ふくじゅ》海《かい》無量《むりょう》」という一節からきている言葉です。これは「観音様は生きとし生ける衆生、つまり私たちを、いつも思いやりを持った慈悲深い眼で見ているため、海のように広く無量に福が集まる」という意味です。

とかく私たちは失敗したり誤まったことをした人に対して、強く排斥しがちですが、不寛容になりすぎていないか、立ち直らせることはできないのか、そして、本当に自分はいつも正しいのかについて、考え直すことも必要でしょう。慈しみと優しさを持って人に接しましょう。

我逢人

がほうじん

「我人に逢うなり」と書く通り、そのまま人と人との出逢いの素晴らしさ、出逢いの尊さを説くシンプルな言葉です。禅の修行では特に自分を導いてくれる師を探し求め、行脚します。道元禅師がかつて中国で念願の師に出逢えたとき、その感動を、「まのあたりに先師をみる。これ人に逢うなり」と述べた言葉が由来です。物事にはすべてご縁があると考える仏教においては、人だけではなく、出来事とのご縁も大切にします。

多くの人やものが行き交う中で出逢えた奇跡に感謝して、ご縁を大切に育てましょう。

薫習《くんじゅう》

衣替えなどで衣類をしまうとき、良い香り（防虫香）を包んだものを一緒に入れることで、衣類に香りが移ります。次に衣類を取り出すとき、良い香りで気持ち良く着られます。この現象を薫習といい、人間でも同じようにとらえています。

　もともと衣服に香りは何もついていません。人間も本来、善悪いずれにも染まっていませんが、尊敬できる人と一緒にいることで、その人に近い人物になっていくことができます。憧れる人を真似しつつ、自分も真似されたくなるような人間を目指しましょう。

薫習

行解相応《ぎょうげそうおう》

禅では理論的な理解と、実践的な修行が一致することを重視します。「行」は行動、「解」は理解ととらえられます。掲げている理念と、実際の行動がきちんと結びついているかどうかということです。

口先だけではなく率先して動く人や、ビジョンが明確で、そのための行動をどんどん起こす人のところに、自然と人は集まります。たとえどんなに正論を述べていても、言葉だけで人を動かすのは難しいものです。まずは周囲を納得させるような自分の行動で、信条や理念を示していくことを心がけましょう。

無心是我師《むしんこれわがし》

無心とは「心が無い」と書きますが、虚空の状態ではなく、理屈や思慮分別を超えた状態のことを指すのです。良い・悪いといった相対的な見方をしたり、自分の考えにこだわって、執着を持ったりすることをやめる。それができれば、もはや師はどこか別にいるのではなく、自分の心の中に自ずといるようになるという教えです。

例えば相手ともめたときも、一方的に「自分のほうが正しい意見だ」と主張することはなくなります。自分の心を柔軟に保つことの大切さを説いているのです。

感應道交

かんのうどうこう

感應とは、もともと救済を求める衆生が仏菩薩の救済力を「感」じることと、それに「應（応）」じて、仏菩薩が赴くことを指します。すなわち、人々の心と仏菩薩の心が通じ合って融合し、一つになるという意味です。

禅では、師と弟子が、相手の心の奥底にまで響くように互いに向き合うこと、ととらえます。

そこから現代でも、上司と部下、親子、友人などさまざまな関係において、立場の違いを超えて互いを信頼し合うこと、真剣にすべてを出し合える関係を持つことの大切さを説いていると解釈できます。

和敬清寂

わけいせいじゃく

茶席の禅語として有名な千利休の言葉です。茶を点《た》てる人と茶を頂く客が、お互いに相手を敬い合う精神を大切にし、茶室や茶道具などの場や道具もきちんと清め、澄み切った静かな心で向かい合うという意味です。

例えば、人と会うときに適当な身なりで、待ち合わせ時間はぎりぎり、気持ちまで慌ただしい中で会っても、相手の心を大切にすることはできません。お互いにとって良い時間とならないでしょう。どんなに忙しくとも、相手を尊重し、落ち着いた気持ちで会うための準備が大切です。

不戯論《ふけろん》

道元禅師による仏教書『正法眼蔵《しょうぼうげんぞう》』の中の一つ、「八大人覚《はちだいにんがく》」の8つ目の言葉です。戯論とは意味のない無益な議論のことです。そんな議論をしないこと、つまりぐちぐちと無意味な言葉を口にしないようにと戒める言葉です。修行をおさめて、いっさいの妄想や偏見から解き放たれていれば、無駄な論争をすることはなくなります。

心を調える坐禅は、この「不戯論」を行ずる基本となる修行です。口は災いの元。感情に任せて大事な人間関係を壊したりすることのないよう、慎重に言葉を選びましょう。

語先後礼《ごせんごれい》

最初に相手の顔を見て、それから言葉を伝え、最後におじぎをするという意味です。禅ではこの作法を正しく行います。

シンプルな挨拶ですが、日常生活では、意外とできていないものです。言葉を述べながら中途半端に頭を下げたり、相手の目をきちんと見ないまま言葉を交わしたりしていませんか？

「挨拶」とは、もともと相手の悟りの進み具合を推し量る、禅の問答から生まれた言葉です。相手とより良い関係が築けるよう、普段からコミュニケーションの基本として身につけたい作法です。

冷暖自知《れいだんじち》

器に入った水が冷たいのか温かいのかは、実際に器に手を入れたり、飲んだりしてみないとわからないという意味です。

特にネット社会では、検索してすぐに「わかった気になる」情報に囲まれています。口コミを参考に商品を購入し、著名人がブログですすめるものを好ましく思うこともあるでしょう。しかし、そもそも人によって感じ方やとらえ方は千差万別だという視点が抜けていませんか。人の意見や助言に耳を傾けることも大切ですが、それに依存しすぎないよう、まずは自分の体験を大事にしましょう。

冷暖自知

一箇半箇《いっこはんこ》

道 元禅師が師の如浄《にょじょう》禅師に告げられた言葉「一箇半箇を接得」が由来です。一箇半箇とは一人でも半人でもという意味で、極めて少人数を指します。ここから、多くの弟子に正しく伝えることは難しいので、たとえどんなに少数でも、一人でもいいから漏れなく徹底して、正しく仏法を継承させるよう伝えているのです。

これは現代の人間関係にも当てはまります。手帳が予定でびっしり埋まるほど、無理をして付き合いを広げる必要はなく、たとえ一人でも、心許せる友がいればいいのです。

面授《めんじゅ》

師 が弟子と直接顔を突き合わせて、教えを授けることを説く言葉です。道元禅師がよく用いていたとされます。

現代はネットを通じて、さまざまなコミュニケーションを誰もが気軽に行うことができます。しかし、何かを依頼したり、こちらの都合でキャンセルして謝ったりするときなど、言いにくいことや面倒だと思う局面でこそ、本来は直接相手に面と向かって話すべきです。

便利なツールもうまく活用しつつ、大切なことは心を込めて直接伝えましょう。

悟無好悪《さとればこうおなし》

自己紹介のとき、社名や役職名だけを言う人がいます。自分自身の会社での姿というう一側面でのみ見られるよう、自ら誘導しているようなものです。この言葉は、先入観や偏見を捨てて相手と正面から向き合うと、好き・嫌いという判断をしなくなるという意味です。

相手に対して、肩書きや持ち物、周囲の評判などから、勝手にイメージを作ったりすることがあります。しかし実際に付き合ってみると、イメージが変わることも少なくありません。まずは色眼鏡を外して、素直な気持ちで相手を見てみましょう。

花無心招蝶 蝶無心尋花《はなはむしんにしてちょうをまねき ちょうはむしんにしてはなをたずぬ》

花はただ蝶を招こうと咲くわけではなく、蝶もただ花を訪ねようと思って飛ぶわけではありません。花は咲く時期がくれば咲き、蝶も飛ぶ時期に飛んでいます。互いに、ただありのままに生きているのみで、それでも互いに縁を結び合い、花は蝶に蜜を与え、蝶は花から花へ花粉を運びます。このような無心の出会いを説く良寛《りょうかん》さんの言葉です。

人と人との縁も同じです。親子、兄弟、友人、夫婦、恋人……どんな関係でも、ありのままに自分らしく生きていることで、自然と縁は結ばれていきます。

自未得度先度他

じみとくどせんどた

「自ら未だに、度を得ざるに、先ず他を度す」という言葉です。「度す」とは悟りの境地を表し、自分がまだ悟りを得ていなくとも、自分よりまず先に他の者が悟り救われるように、尽くすことの大切さを説いています。これこそが利他救済の実践で、仏の境地であるという教えです。

人間は、自分だけが勝ちたい、認められたいといった、自分本位の気持ちや行動による結果だけで、幸せになることは決してできません。人が喜ぶ姿を見ることが、本来人間にとって幸せなことなのです。

同事

どうじ

人々を救い、悟りへ導く菩薩行に「四《し》摂《しょう》法《ぼう》」という4つの教えがあります。「布《ふ》施《せ》」「愛語《あいご》」「利行《りぎょう》」と、この「同事」のことです。惜しみなく与える布施、思いやりに満ちた言葉をかける愛語、見返りを求めない行いの利行の精神とともに重要なのが、「自分と他人を区別せず、相手の心に寄り添う」という同事です。

「同じ事」と書くように、相手と自分は「違わない」のです。相手と自分を比較して、優越感や嫉妬心を持ったりせず、いつも相手の立場に立って、相手の心を察することが大切だという教えです。

名利共休

みょうりともにきゅうす

名 利とは名聞利養のことで、世間の名声や、お金や地位などの財産を得るということです。それを共に休止する、つまり断つという意味です。

茶人の千利休は、この禅語から名をとったという逸話があります。茶席において、肩書きや身分の上下など相手の立場に関係なく、その場で全力で心からのもてなしをするのみです。名誉も、お金も求めません。

同じようにどんな関係性でも互いの立場はさておき、損得勘定で動かず、一人の人間としてていねいに接しましょう。

名利共休

1　トイレはどこにあるかな？／まっすぐ行って左手にあります

3　おてあらいどこ～？／まっすぐ行って左手にあります

以心伝心

いしんでんしん

心を以て心に伝える、つまり言葉や文字を使わずに、心と心を通じ合わせることです。お釈迦様の悟りの境地が、のちに2代目として教えを継いだ摩訶迦葉《まかかしょう》だからこそ、言葉もなく伝わったことを指します。こうして禅では仏法を師が弟子に伝える際、言葉や文字に頼らずに、心に直接伝えていきます。

現代でも、心を通わせる関係は、相手の社会的な肩書きや財産などの表面的なことにとらわれず、お互いに理解しようとする気持ちや、相手への尊敬の念があってこそ築けるものだと解釈できます。

一期一会

いちごいちえ

もともとは茶席での心得を表していましたが、現代では広く用いられる言葉です。「一期」とは人間の一生、「一会」とはたった一度だけの出会いを指します。つまり「生涯で唯一の出会い」です。たとえ何度も同じ人にお茶を点てることがあっても、今日という日の茶会はたった一度きりのため、心を尽くして最大限にもてなすというのが由来です。

この先、今日という日に家族や友人や恋人、同僚などと会うことは二度とありません。また人間はいつか別れることも避けられません。今、相手を大切に思うことで素晴らしい関係が築けるのです。

千里同風《せんりどうふう》

千里とは約４０００キロを指します。それほど遠く離れた場所にも、同じ風が吹いているという意味です。転じて、どんなに遠く離れていてもどこかに自分と同じような境遇に悩んだり、同じような夢を持ったりする人が必ずいるということです。

近視眼的に、つい近くの人間関係の中でものを考えてしまう場合は、遠くにいる同じ風を感じる人に思いをはせてみましょう。ネットで地球の裏側ともつながれる時代です。離れていても、さまざまなコミュニティがあり、素晴らしい仲間とも出会えるかもしれません。

千里同風

NO 02

仕事

に役立つ禅語

評価や成果だけに振り回されず、
チャンスをつかみ、
着実に前に進み続けるための言葉

禅即行動《ぜんそくこうどう》

禅 では実践すること、動くことを重視します。あれやこれやと理由をつけて行動する前に諦めたり、先延ばししたりすることには意味がないと考えるのです。

もし失敗したり間違ったりしても、それは貴重な教訓や経験となり、次の行動の指針となります。まずは、できることからやりましょう。メールにはすぐに返事をする、やりたい企画に手を挙げる、早起き習慣で体調管理をする、気になる人にはまず交渉するなど、ポジティブに、すぐに行動することで、習慣となり、行動力が身についていきます。

啐啄同時

そったくどうじ

「啐《そっ》」とは、卵の中にいる雛が「もう生まれるよ」という合図として、卵の内側から殻をコツコツと叩くことです。「啄《たく》」とは、卵の変化に気づいた親鳥が、卵の外側から「出ておいで」と殻をつつく音です。師と弟子の関係を、雛が卵からかえる様子にたとえ、啐と啄が「同時」に起こることが理想であると説く言葉です。

後輩の手本となるべき先輩であったり、部下を導くリーダーの立場にいるならば、相手が成長する絶妙のタイミングを見逃さないことです。技術や知識を与えて正しく導けるよう、啐の合図を的確に受け止めましょう。

滅却心頭火自涼

しんとうめっきゃくすればひもおのずからすずし

中国の詩人、杜荀鶴《とじゅんかく》の句が由来で、武田信玄が禅を学んだ恵林寺の快川紹喜《かいせんじょうき》禅師によって広まりました。武田家が織田信長によって滅亡させられた際、快川禅師の恵林寺も急襲と焼き討ちに遭います。火に焼かれながら最後に禅師が伝えた言葉がこれです。

心頭滅却とは、こだわりや執着心に振り回されない状態を指します。そのような境地にいれば、すべての雑音は消え、火の熱ささえも、ありのまま静かに受け取れるということです。どんなに厳しい状況にあっても、逃げ出さずに無心になって立ち向かうことを教えています。

清風払明月 明月払清風《せいふうめいげつをはらい めいげつせいふうをはらう》

清風とはさわやかな風であり、明月とは陰暦8月15日、つまり十五夜の輝く月を指します。清風も明月も、禅の世界ではよく澄み切った悟りの境地を表現します。さわやかな風は隔たりなくどんなところにも吹き抜け、月の光も、どんな場所をも照らし出します。この2つが互いに主客を変えながら、一体となり、自然美を作り出しているのです。

部下と上司も、それぞれが清風と明月のような関係として在りたいものです。互いを生かし、高め合いながら、相互が一体となって成果を生んでいくべきなのです。

八風吹不動《はっぷうふけどもどうぜず》

8つの風とは「人の心をゆさぶりやすいこと」、つまり利益、衰退、陰口、名誉、賞賛、非難、苦、楽の8つをたとえています。人間は常にこれらの風に吹かれて、惑わされやすいものです。しかし、どんなときも「不動」つまり動揺せずに、どっしり構えていることが重要です。

ビジネスの現場でも日々さまざまな八風に吹かれます。思い通りの結果が出て大成功したときも、それを周囲に触れ回ったりせず、逆に成果が上がらず苦境に立たされる厳しい局面にあっても、心はどっしり構えていることが大切なのです。

結果自然成《けっかじねんになる》

結果というのは自然に出てくるもので、人間の思惑や計らい、作為を超えているという意味です。

日々コツコツ努力をする人は、チャンスがきたときにすぐに行動でき、さらなるチャンスを招きます。努力をあまりしない人は、チャンスがきても良い結果に結びつけられません。努力を怠る人は、そもそもチャンス自体に気がつきません。成功への近道を見つけようとしても、結果とは必ずたゆまぬ努力の先にしか生まれないので、どんな仕事でも、精一杯取り組むことが大切なのです。

開門福寿多《もんをひらけばふくじゅおおし》

門戸を開いて福を招くという意味ですが、福がやって来るのは、整えられた門戸とその中です。玄関や門戸の周りだけがきれいでも、部屋の中が荒れ放題では、意味がありません。

門戸は人の心にもたとえられます。隠し事が多く、自ら心を開いていなければ、相手から信頼を得ることはできません。

職場では大事なチームの仲間に、家では大事な家族に、心を開いているか考えてみましょう。重要な情報やさまざまな縁をいつでも招けるよう、自分自身の心を普段から調えておくことを心がけましょう。

身心一如《しんじんいちにょ》

身体と心、肉体と精神は切り離せない、一体のものであるという意味で、禅ではこの考え方を重視します。身体と心は互いに分けることができない両面にあります。つかみどころがなく、実体のない思いや気持ち＝心に対して、身体は目に見えて、自分の意識で調えることができます。

例えば仕事のストレスで眠れないとき、姿勢と呼吸を調えて坐禅をする習慣を持ったり、リラックスできる音楽やアロマで身体を調えたりすると、心も落ち着き、入眠しやすくなります。身体と心の働きは密接に関係しているのです。

無功徳《むくどく》

達磨と梁の武帝とのやりとりが由来です。武帝は寺院建立や修行僧への援助など、仏教のために熱心に力を尽くしてきました。インドから達磨が訪れた際、その功績を語り「どんな功徳が私にあるか？」と問答を仕掛けました。しかし達磨の答えは「何もない（無功徳）」。功徳という見返りを求めた武帝を戒めたのです。功徳を求めることで、立派な行為が輝きを失ってしまいます。

仕事においても、見返りを求めたり、成功したことを触れ回ったりせず、ひたすら必死に取り組むことを大切にしましょう。

前三三後三三

ぜんさんさんごさんさん

無《む》著《じゃく》という和尚が「仏の教えに従う人は（文殊菩薩が訪れた地方には）何人いるか？」と尋ねた際、文殊菩薩が答えた言葉が由来です。これは修行をする僧侶だけが仏の教えに従っているのではなく、どんな人の心にも仏性があり仏の教えを持ち、その人数は無数で、数それ自体に意味はないということです。

陰陽で3は陽の数で、重なると無限無数量となります。自分の前も後ろも無限無数量というのは、身体中にいっぱいの豊かなものが満ち足りている状態を指します。豊富な知識や経験を持てるよう、ステップアップを目指しましょう。

非思量

ひしりょう

唐の禅僧、薬山惟儼《いげん》の言葉です。坐禅のときの心構えについて説いています。あらゆる雑念がなく、心を無にした状態で、世界をありのままにとらえることを指します。

忙しい現代では、追われるように仕事をこなし、常に心は落ち着かず、頭の中では過去の出来事に思いをはせたり、現在の心配事について次から次へと考え込んだり、未来への不安に押しつぶされそうになったりします。しかし、実体のない感情や思いにとどまってあれやこれやと考えずに、ただひたすら無心に「今、やるべきこと」だけに集中することが大切だと説きます。

対機説法《たいきせっぽう》

お釈迦様は、人々が抱えているさまざまな悩み、苦しみ、問題に対して「対機説法」という方法を用いて話をしていました。これは、相手の性格、能力、考え方、素質、年齢や、それぞれの人が置かれている境遇などに応じて、それらを考慮した上で、相手が理解できるように話をすることです。すると聞く側には自分にとってわかりやすく具体的なため、スッと心に染み込んできます。

仕事でも同じです。後輩や部下を指導する立場なら、その人の性質を見極めたコミュニケーションの仕方を考えてみましょう。

随所作主 立処皆真《ずいしょにしゅとなれば りっしょみなしんなり》

どんな環境であれ、自分が主体的でいることで、その場所は物事の真理が見えてくる自分の居場所となるということです。

転勤や転職、異動など、さまざまな環境の変化の中で他の部署や会社など「隣の芝生」が青く見えたり、他人の環境と比べたりしてしまうこともあるかもしれません。しかし、そこで悩んだり妬んだりすることに意味はありません。今、自分が置かれたその場所で、主人公として一生懸命に取り組めば真実に出会える。つまり必要とされる存在となり、道は開けるということです。

時時勤払拭

じじにつとめてふっしきせよ

どうしてもとらわれてしまいがちな妄想や雑念などの煩悩は、108もあるといわれています。これらはちりやほこりのように、どんどん心にたまってしまうものです。それを意識してその都度、拭ったり払ったりしてきれいにしておくことが大切である、という意味です。

面倒な仕事や、小さなことでも、気になっていることを放置し続けたり、後回しにすることで、知らず知らずのうちに心は乱れていきます。ちりやほこりで曇ることなく、いつも澄んだ心の状態でいられるよう、その都度、対処することを心がけましょう。

時時勤払拭

燈下不截爪《とうかふせつそう》

ほの暗い灯りの下で爪を切らないようにするという意味ですが、ぼんやりした明るさのもとでは、爪切りが大怪我につながるかもしれないという警告とも、読み取れます。

仏教では智慧の光が届いていない状態、つまり無知なことを「無明」といいますが、「灯り」を「智慧」ととらえればよくわかります。ぼんやりとした灯り、つまり生半可な知識などで発言したり、判断したりすると、それが自分の評価を落としたり、失敗したりすることにつながりかねません。十分な明るさ、つまり正しい判断や知識を得る努力が大切です。

小水常流如穿石《しょうすいつねにながれていしをうがつがごとし》

小水、つまり雨だれのようにささいな流れの水でも、常に流れ続けることで、やがて石に穴を開けることができます。このことから、人間も同じように、絶え間なく努力していくことで、やがて必ず成果を出せるということです。

どんなに小さなことでも、時間がかかっても、コツコツと積み重ねてきた頑張りは、裏切りません。すぐに成果が出ないからとむやみやたらと焦ったり、途中で投げ出したり、最初から無理だと諦めてしまったりせず、一歩一歩でも着実に、前に進む努力を続けましょう。

単刀直入

たんとうちょくにゅう

会

話の中でズバッと核心を突くという意味で、現代でもよく使われる言葉です。

あれこれ考えて本題を避けたり、回りくどい言い方ではぐらかしたりせず、時には正面切って伝えることが必要な場合もあります。禅語でも同じように、核となる物事の本質をきちんととらえることの重要さを教えています。

どんな仕事にも、中心となるヘソ（核）があります。全体の中から、まずこのヘソをつかまえてしまいましょう。その後の段取りがスムーズで、無駄なく進められるようになります。

汝被十二時使 老僧使得十二時

なんじはじゅうにじにつかわれ ろうそうはじゅうにじをつかいえたり

中

国・唐の時代の趙州《じょうしゅう》従諗《じゅうしん》禅師が、若い僧侶に時間の使い方について問われたときの答えに由来します。「おまえは時間に使われ、時間というものに追いかけ回されて暮らしているが、私は時間を使い切っている」という意味です。

12時とは昔でいう24時間を指します。あなたと違って私は24時間という時間に主体になって命を注ぎ込むことができている、そう生きることが禅の道なのだと教えているのです。スケジュールに追われるよりも、調整しながら主体的に時間を使い切れるよう行動しましょう。

百尺竿頭進一歩
ひゃくしゃくかんとうにいっぽをすすむ

百尺ある竹竿の一番上の頭の部分に登り、これ以上もう登れないというところからさらにもう一歩進むという意味です。禅の修行には終わりがありません。「十方世界現全身《じっぽうせかいにぜんしんをげんずべし》」という対句がありますが、悟りに至るまでが修行ではなく、「十方世界に全身を現ずべし」、つまり現実の世界に戻り、今度はその悟りをさまざまな形で人々に伝えていくという重要な役目もあります。

仕事で成功したときも、そこに満足してしまうことなく、さらにあと一歩を踏み出せるかどうか。特にリーダーや指導者などは後進のためにも心がけましょう。

枯木裏龍吟 髑髏裏眼睛
こぼくりのりゅうぎん どくろりのがんせい

中国・唐の時代、香厳《きょうげん》禅師が、ある僧に禅の真髄と、悟りを体得した人について問われたときの答えに由来します。

枯れ木は、その空洞部分に風が当たると、まるで龍が鳴いているような勢いのある音を立てます。また髑髏に空いた2つの眼の穴は、まるで生きている人間の眼に見えます。

死の象徴である、一見なんの役に立ちそうもない枯れ木も髑髏も、まるで生きているように見えるということから、この世に役に立たない存在はないという教えです。

一日不作 一日不食

いちじつなさざれば いちじつくらわず

「働かざるもの食うべからず」だと誤解されがちですが、正しくは「自分がなすべきことを行わなかった日は、そのぶん、食事をとらない」という意味で、中国・唐の時代の百丈《ひゃくじょう》懐《え》海《かい》禅師の言葉です。

あるとき、高齢なのに日々の畑仕事を欠かさない禅師を心配し、弟子たちは農具を隠しました。するとその日から禅師は食事をとらなくなりました。禅師にとっては畑仕事も修行の一つで、自らがなすべきことだったからです。1日の終わりなどに、自分は今日なすべきことをしただろうかと、振り返る習慣をつけましょう。

平常心是道

びょうじょうしんこれどう

中国・唐の時代の趙州《じょうしゅう》禅師が、師の南泉普《なんせんふ》願《がん》禅師に「如何是道（道とはどんなものか）」と尋ねた際の答えに由来します。平常心とは平生《へいぜい》、つまり日常での心構え、道とは仏道のことで「普段の心こそが仏の説く道」という意味です。

なんの変哲もない日常生活での心がけと行動が、悟りに続いています。仕事においても、毎日のルーティンこそ大切にし、どんな局面でも感情に振り回されず、たとえいっとき振り回されたとしてもすぐに冷静になれるよう、普段から心を調えておくことが必要です。

滴水嫡凍

てきすいてきとう

ポトンと滴《したた》った一滴の水が、間をおかずすぐに凍って氷になる様子を指します。落ちるそばから瞬時に氷へ変わる水のように、禅の修行も、一瞬たりとも気を緩めずに励むものと解釈されています。

仕事においても同じことが言えます。面倒だからと決断を先延ばしにしたり、悩み続けてむやみに時間を過ごしたりすることなく、その場その場で問題をクリアにしていきましょう。特にチームをまとめる立場なら、即断即決を合言葉に、トラブルを持ち越さないで、生産性や効率を高める意識を持ち続けましょう。

百不知百不会

ひゃくふちひゃくふえ

百とは単なる数字ではなく、さまざま、いろいろ、何もかもといった意味合いです。中国・宋の時代の無門慧開《むもんえかい》禅師による悟り切ったあとの言葉で、「何も知らない、何も会得していない」という意味です。悟りに至ったあとの禅師の大変な謙虚さと、賢明さがわかります。

「実るほど頭を垂れる稲穂かな」というように、昇進したり成功をおさめても、本当に道を極める人は、決してそれを鼻にかけたり自ら周囲に触れ回ったりしません。それどころか、いつも勉強熱心です。うまくいったときほど、謙虚な姿勢を心がけましょう。

妙手多子無《みょうしゅたしなし》

早く結果を出そうと、評価や手柄のためにあれこれと小細工をして、ライバルに勝とうとする人がいます。しかし、のちのち本当に評価されるのは、誠心誠意を持って仕事をしてきた人です。「妙手」つまり、先回りや近道ができる、とびきりの手というものは存在しません。

目先の利益をとったり、すぐに自分の損得のバランスを考えようとしたりするよりも、とにかく無心になって、今、目の前にある与えられた仕事に全力を尽くしましょう。つまらない裏工作をしたりするよりも、実力で勝負することが大切です。

妙手多子無

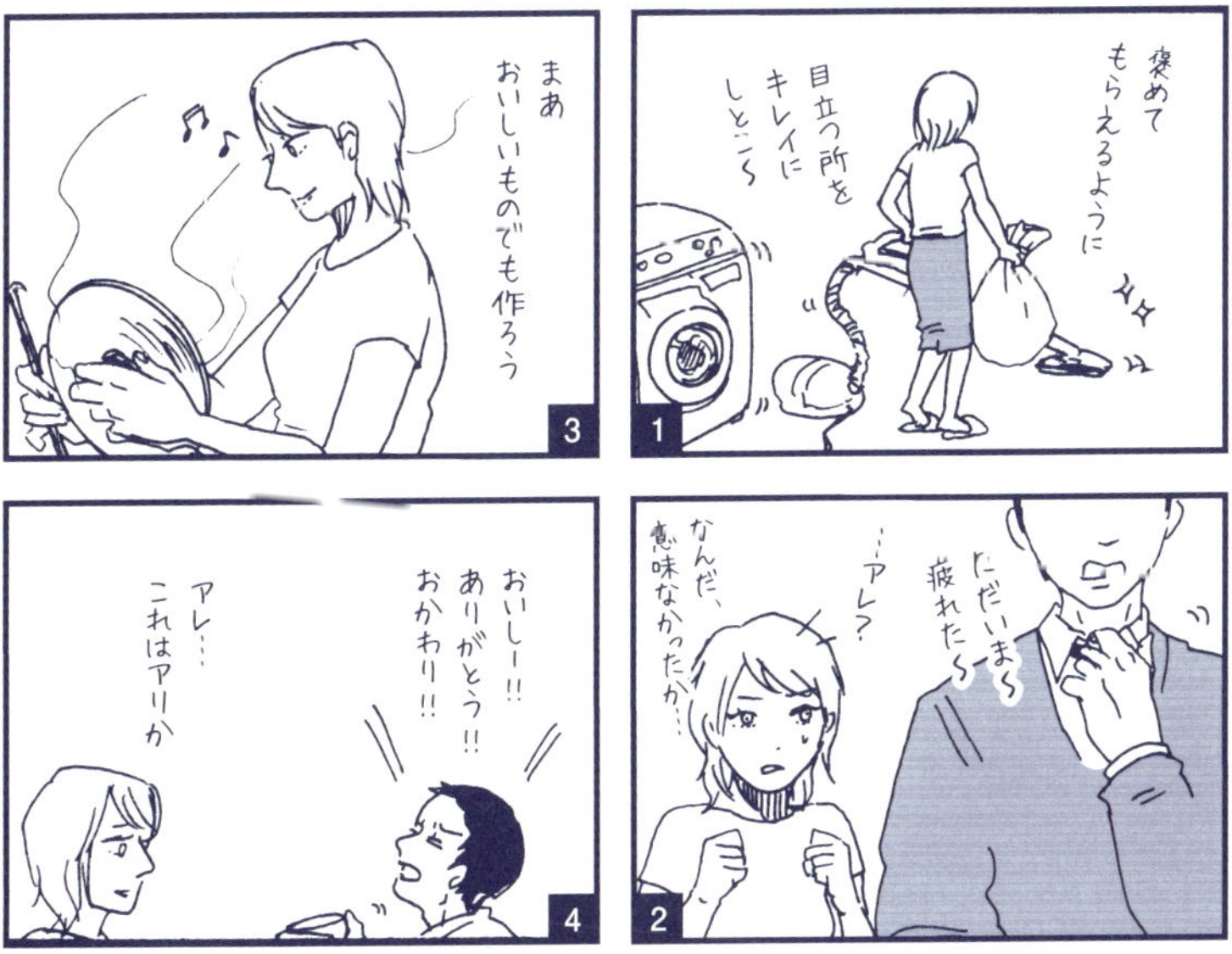

知過則速改

あやまちをしればすなわちすみやかにあらためよ

江戸時代後期の良寛さんの漢詩の一節です。読んで字の通り、自分が間違っているとわかったら、すぐに改めることの重要性を説いています。

ミスや失敗など、特に評価を下げてしまうような過失の報告は、誰しもできるだけしたくないものです。ついつい報告のタイミングを逃したり、責任を転嫁したり、ごまかしたりしがちです。しかし、本来、悪いことこそ即座に伝えましょう。素早い対応が徹底されていれば、立て直すための戦略も練ることができ、ミスをカバーする方策も見つかるかもしれません。

潜行密用如愚如魯

せんぎょうみつよう　ぐのごとくろのごとし

中国曹洞宗の開祖である洞山良价《とうざんりょうかい》禅師の言葉です。人の知らないところで、ひっそりと徳を積むという意味です。

仕事では、部下や後輩が困っていたらそっと手を差し伸べて助けましょう。たとえ自分の名前は表に出なくとも、縁の下の力持ちとして支え、それを「自分がやった」と周囲に触れ回ったり、自慢したりしないということです。

目立たなくても、誰も見ていなくても、陰で自分なりに精一杯ベストを尽くすことが大切だという教えです。

多聞第一《たもんだいいち》

お釈迦様が弟子の中で、特に有能で信頼を寄せたのが、舎利弗《しゃりほつ》・目連《もくれん》・摩訶迦葉《まかかしょう》・阿那律《あなりつ》・須菩提《しゅぼだい》・富楼那《ふるな》・優婆離《うばり》・迦旃延《かせんねん》・羅《ら》睺羅《ごら》・阿難陀《あなんだ》の「十大弟子」でした。そのうちの一人、阿難陀は長い間仕え、誰よりもお釈迦様の教えを聞いたため、多く聞いたのが一番であるという「多聞第一」の別名がありました。その経お釈迦様の入滅後、経典編纂会議では、その経験を生かし、中心的な役割を果たします。

自分の主張を通そうとする人が多くとも、阿難陀のように良い聞き手となり、それを自分の力に変えることを目指したいものです。

多聞第一

NO 03

人生に役立つ禅語

とらわれや思い込みから解放され、
今この一瞬を大切に、精一杯輝いて
自分を生きるための言葉

日々新又日新《ひびあらたにしてまたひにあらたなり》

日々、新しい日として1日を過ごし、新しい心を持った、新しい自分に生まれ変わって生きることを説いています。昨日の続きのような、なんの変化も感じられない日でも、実際には草や花は成長し、川の流れも違うように、同じ自分はいません。

毎日のルーティンワークにも、今日は新しい自分として、より進歩することを目指して取り組みましょう。また昨日喧嘩した人にも、恨みなど持ち越さず、新しい心で付き合いましょう。常に、その1日を意味あるものにしようとする心が大切です。

把手共行《はしゅきょうこう》

中国・宋の時代の公案集『無門関』に出てくる無門慧開禅師の有名な言葉で、手を取り合って、共に歩んでいくという意味です。

一緒に歩む相手として、夫婦や恋人、友人やライバルなどももちろん大事ですが、禅では「本来の自己」、つまり「自分の中にいるもう一人の自分」が、最も頼りにできる存在と考えます。もう一人の自分は、欲や計らいや執着などから解放された純粋で正直な存在として、最善のパートナーです。どんな人生の波にも、共に寄り添い、励まし合う存在として、拠り所にして生きていきましょう。

琢玉当成器 人不學不知道《たまみがけばまさにうつわをなす ひとまなばざればみちをしらず》

もともと、誰もが「宝石」の原石を持っていますが、磨いていない原石はただの泥のついた石の塊に過ぎません。この禅語の「玉」はひすい石の一種です。泥を落として石を彫り、磨き続けることで、きらきらと光る立派な器になるのです。

人間も同様です。普段からいろいろなことに興味を持ち学び続けることで、自分が生きる道を見出すことが大切です。人は誰でも魅力があり、才能や可能性を秘めています。人生の多くを学びの材料に、自分の魂を磨き続けることで、才能も開花させることができるのです。

行雲流水《こううんりゅうすい》

読んで字の通り、雲は行き、水は流れるという意味です。大空に浮かぶ雲は気ままに空を行き、流れていく水も、何かにとらえられることはなく、絶えずとどまることがありません。諸国を行脚する修行僧「雲水」とは、雲や水のように自由な心でいなければならないという、この言葉の意味からきています。

　人間も同じように、何かに執着してこだわったりとどまったりせず、自由自在に、のびのびと進み続けることを教えています。どんな日も、新しく挑戦する心を持って前向きに生きることで、かけがえのない日となります。

行雲流水

知足安分《ちそくあんぶん》

足ることを知るという意味の「知足」と、自分の置かれた境遇や身分に満足するという意味の「安分」から成る言葉です。

ものに限らず、富や名誉などすべてにおいて、あれが欲しいこれが欲しいといつまでも多くを求めたり高望みしすぎたりしていると、常に心はざわつき、落ち着くことがありません。欲には限りがないからです。常に満たされない心で不安感を持ち続けるよりも、贅沢をせず、身の程を知り、自分の境遇を自分に見合ったものととらえると、穏やかな心で暮らしていけるという教えです。

池成月自来《いけなってつきおのずからきたる》

池は心の状態を、月は仏心を表します。本来、月はどんな池でも、水面に月影を映し出すことができます。しかし、もし心である池にさざ波が立ち、ざわめき、水面もゆれていれば、そこに月は映りません。心がざわついているうちは、何事もうまくいかないということです。

澄んで静かになった水面、つまり穏やかな心の状態にこそ、仏性が宿ります。何かと刺激を求めて落ち着きなく動き回ったり、いつも忙しくふるまったりすることなく、心穏やかに過ごすことが大切です。

擔枷帯鎖

たんかたいさ

か

がんじがらめになっている状態のことです。例えば将来への不安や家庭での悩みなど、自分を取り巻くさまざまな煩悩や妄想によって縛り付けられ、客観的な判断や俯瞰的な見方ができなくなっているような状況です。

こんなとき、心を縛る実体のない不安などで、さらに自分を苦しめないことが大切です。似た禅語に莫妄想《まくもうぞう》（妄想する莫《な》かれ）（P.236）があります。今、目の前にある、自分がすべきことに集中することで、がんじがらめになっていないか振り返り、偏った考え方を正し、大事な判断を誤らないよう、広い視点で考えましょう。

日々是好日

にちにちこれこうにち

中

国・唐末から五代にかけて活躍した、雲《うん》門文偃《もんぶんえん》禅師の言葉です。「毎日毎日が好い日」というシンプルな意味からよく親しまれていますが、奥が深い言葉です。

生きていく中で人間関係や仕事で失敗して落ち込む日もあります。しかし、それは損得や、優劣の物差しにとらわれている生き方です。そんなとらわれを捨てて、ただありのままに、その日にしか経験できないこととして、積極的に生き切ることが大事です。どんな日であろうと一喜一憂せず、どう改善して好日に変えるか、その決意と生き方が大事なのです。

喫茶喫飯

きっさきっぱん

お茶を飲むときはお茶そのものに、ご飯を食べるときはご飯そのものに「なり切る」ということを説いています。そのものと一体化するくらい、集中するのです。

忙しい現代では、多くの人が「ながら」生活をしています。スマホを見ながらランチをし、テレビを見ながら家事をする。常に気はそぞろで落ち着きません。

日常生活の動作一つ一つから、見つめ直してみましょう。今向き合っていることになり切ることで、物事がはかどり、達成感や晴れ晴れとした気分、喜びが得られます。

本来無一物

ほんらいむいちもつ

誰もが、生まれたときにはまだ知識も経験も、地位や名誉もありませんでした。同時に、それらに対する執着や不安もありませんでした。成長し、社会でもまれていく中で、人と比較して他人の財産や地位を羨んだり、お金に執着したりするようになります。

しかし、もともとは裸一貫、何も持っていなかったことを思い出しましょう。本来失うものは何もないという境地に立てば、怖いものはなくなります。

中国禅宗の第六祖の慧能《えのう》禅師による、人間の本質を表した言葉です。

形直影端

かたちなおければかげただし

身体の姿勢が正しく美しい人は、その人の影も美しいという意味です。

現代生活では避けて通れないものですが、長時間スマホやパソコンに向かい合っていると、ずっと前かがみや猫背という不自然な身体の状態が続き、いつの間にか歪んだ姿勢になってしまいます。

姿勢が調うと、呼吸が調い、立ちふるまいも自然に調ってきます。すると外見だけでなく、内面から自信に満ち、魅力的な姿にうつります。そんな人は、その影まで美しいものです。影まで美しい人を目指しましょう。

全機現

ぜんきげん

アメリカの実業家、スティーブ・ジョブズ氏はスタンフォード大学での有名なスピーチ（２００５年）で、今日が人生の最後の日だとすると、自分のやるべきことをしているかと、自分自身に長年問いかけ続けてきたことを話しました。

ジョブズ氏の言葉のように、この禅語はまさに、今生きているこの一瞬一瞬に、自分の持てるすべての力を最大限に注ぐという意味です。今、全力を発揮することが、自分の人生をより豊かに、生き生きと生きることであるということです。道元禅師が残した言葉です。

春色無高下《しゅんしょくこうげなく》 花枝自短長《かしおのずからたんちょう》

春はどの木にも平等にやってきます。しかし同じ木でも、高いところについた長い枝は、早くからさんさんと太陽の光を浴びるので、早くに花を咲かせます。一方、その影になった短い枝は、なかなか光が浴びられず、咲くのが遅くなります。

人生も同じです。今、日が当たり活躍し続けているような順風満帆の人もいれば、なかなか恵まれない人もいます。どちらが良い・悪いということではなく、今、自分が与えられた場所で、最高のパフォーマンスをして、咲き切ればいいという教えです。

春色無高下 花枝自短長

身心脱落

しんじんだつらく

修行時代の道元禅師は、師である如浄《にょじょう》禅師が修行僧たちに「身心脱落！」と一喝している様子を見て、悟りを得たといいます。放下着（著）（P.105）と同じ意味で、身も心もすべての執着から解き放たれ、いっさいを捨て去るということです。

道元禅師は、修行において、焼香も礼拝も念仏も、懺悔も読経もすべて不要で、ただひたすら坐禅をすることが、この境地に至る道だと説きました。何かにとらわれることなく、心身ともにさっぱりとした、自由な精神状態が大切なのです。

水流元入海 月落不離天

みずながれてもとうみにいり　つきおちててんをはなれず

中国・唐の時代に「仏法とはどのようなものか？」と修行僧に問われた、ある禅師の答えに由来します。

水はさまざまな場所を流れていきますが、最後には海にたどりつきます。月は西の空に沈み、東の空にまた姿を現しますが、途中で天から落ちてくるようなことはありません。仏法、つまり真理というものは、必ず一つのところにあるという意味です。

人は仏性を備えており、人生の中でどんなに迷うことがあっても、必ず真理と共に生きていると解釈できます。

遊戯三昧《ゆげざんまい》

お金のため、自己実現のため、成果を評価されたいため、勝利を得るため……など、「仕事」は多かれ少なかれ目的を持って取り組むものです。

一方で「遊び」は自由に、好きなことを、好きなときに行っています。目的や成果というよりも、夢中になって没入することができます。

しかし仕事だから、遊びだからと、モチベーションを変えることなく、人生のすべて、今ここで起きていることに最大限没入することそれ自体を楽しみなさいという教えです。

前後際断《ぜんごさいだん》

前（未来）も後ろ（過去）も断絶している、つまりこの一瞬のみが独立して存在しており、今、この一瞬を何よりも大事にしようという意味です。

過去は終わったもの、未来はまだわからないもの、現在は生きている今ですが、この3つは、連続したものではありません。例えば過去を悔やんでも、今から過去を変えることはできません。未来が心配だとどんなに嘆いても、実体のない不安感にとらわれ続けてしまうだけです。今にフォーカスを当てて、一生懸命生きることに集中しましょう。

他不是吾

たこれわれにあらず

「他の人は自分ではない」という意味ですが、他の人にしてもらったことは、自分がやったことにはならないと解釈できます。道元禅師が残した『典座《てんぞ》教訓《きょうくん》』に載っています。道元禅師が修行中、炎天下の中で椎茸を一生懸命干す老僧に出会い、「他の者にやってもらえばよいではないか」と声をかけます。その老僧の答えが「他不是吾」でした。自ら体験したことでなくては、意味がないというのです。

　自分でできることはすぐに安易に他人に任せず、今、自分でやることが、自分の人生の学びとなるのです。

他不是吾

回向返照《えこうへんしょう》

自分の心を外に向けず、内へと向けて見つめ直すという意味です。回向とは回り差し向ける、返照とは光を当てるという意味です。外側つまり世間や他人、出来事などにばかり心を奪われたりせず、誰もが自分の内側に本来備えている純粋な心に、光を当て照らし出せという教えです。

意識はつい外へと向かいがちで、答えも外へと求めがちですが、もっと自分の心とじっくり対話する時間が必要です。眠る前に坐禅をする、仏壇に手を合わせるなど、常に自分の姿を省みる習慣を持つと良いでしょう。

不退転《ふたいてん》

よく政治家などが使う言葉ですが、これより後ろには一歩も退かないという気持ちを表します。ただ、本来はくじけない、怠らないという意味も含まれます。

禅では悟りを得たら、そこから二度と退かないという境地のことを指します。どうにもならない変化は受け入れながら、それに対して最初から諦めたり、周りに流されたり、何かに屈したりせず、一歩一歩でも前に進んでいくことが大切です。ここから退かないと自分の中で覚悟して強く心を定めることで、前を向くことができます。

独坐大雄峰《どくざだいゆうほう》

ある僧が「この世で一番素晴らしいものは何か」と質問した際の、百丈懐海禅師の答えです。大雄峰とは百丈禅師が住む百丈山を指していました。高くそびえ立つ山の自然の中で、こうして独り坐っている、このことが最もありがたく幸せなことだというのです。

大切なことは、今、それぞれの人が生きて、坐ることができるという事実です。財産や地位、名誉などよりも、今、現に生きてここに坐っていられることに感謝し、外へと求めるよりも、自分の内側に何事にも動じない心を持ちたいものです。

道無横経 立者孤危《どうによこたてなし たつものはこきなり》

横に脇道のない一本道に立つ者は危険であるという意味です。人生はささいなことから大きなことまで、選択と決断の連続です。一見良いと思った選択でも思わぬ結果を招いたり、迷っても、悩む時間すらないこともあります。そんなとき、みんなが進む道を行けば安心とばかりに進むと、のちに大きな落とし穴が待ち構えていて、全員で穴に落ちる可能性もあります。

周囲の意見に迎合し、その選択が誤りだった場合、後悔してもし切れません。主体的に考え、自分で道を選ぶことが大切です。

脚下照顧

きゃっかしょうこ

鎌倉時代、孤峰覚明《こほうかくみょう》禅師がある弟子に禅の究極の目的を尋ねられた際の答えに由来します。「足元を見なさい」という意味です。「照顧」とは照らし顧みる、つまりよく見ることです。禅の極意という深遠で大きなことを問う前に、まずは自分の足元、自分自身、つまり自己の内面を見つめ直せと教えています。

禅寺にはよく玄関に掲げられており、「履物を揃える」という意味で広くとらえられています。日常生活も修行の一つとして、まずは靴を揃える習慣をつけ、常に自分の立ち位置をしっかり見つめることが大切です。

脚下照顧

1
出勤前
2
キリッ
ああ、昨日はプレゼン通ったから気合入ってるな……
3
ふにゃ…
ああ、昨日は考え事してて余裕なかったよな……
4
ああ、昨日はヤケ酒で荒れてたからな……
ぐちゃ〜

莫妄想

まくもうぞう

中国・唐の時代の馬祖道一《ばそどういつ》禅師の弟子、汾《ふん》州《しゅう》無業《むごう》禅師の言葉が由来です。無業禅師は生涯にわたって口癖のようにこの言葉を用いていました。「妄想するな」という意味ですが、この場合の妄想とは誇大妄想の意味合いではなく「考えられないものを考えるな」「相対的、二元的なものの見方をするな」ということです。

例えば「死んだらどうなるのか」とあれこれ考えても、過去を悔やんだり未来に不安を抱いたりするばかりで、これこそが「妄想」で邪念です。今できること・すべきことに集中することで邪念を追い払うのです。

鳥啼山更幽

とりないてやまさらにしずかなり

中国の詩人、王籍《おうせき》の言葉です。静寂漂う深い山中で、鳥が一声鳴くと、鳴き声はあたりの森に響き渡ります。そのこだまがやむと再び静けさを取り戻しますが、鳥が鳴く以前よりも、しんとした静寂が深まります。

この情景は人生にもたとえられます。静けさを破る鳥の鳴き声のように、人生でも突然、大きな困難に遭うかもしれません。しかし、ずっと何も起こらず平穏で静かな日々よりも、大きな困難を乗り越えたあとのほうが、人生はぐっと深まります。そこに人としての成長があるのです。

眼横鼻直

がんのうびちょく

字の通り、眼は横に並んでいて、鼻はまっすぐ縦についているという意味です。至極当たり前のことを表していますが、道元禅師が修行先の中国・宋で悟りを得て、帰国した際の言葉なのです。当たり前のことを当たり前のこととして、素直に受け止め、ありのままに感じることの大切さを教えています。禅師は禅を学び、経典などは持ち帰らず、この言葉に悟りを凝縮して伝えたのでしょう。

美醜にこだわって着飾ったり、自分を優位に見せようと見栄を張ったりせず、ありのままの自分で生きることが素晴らしいのです。

一心不生 万法無咎

いっしんにしょうぜざれば　ばんぽうとがなし

中国の鑑智《かんち》僧璨《そうさん》禅師の言葉です。「一心不生」つまり心が生じないとは、良い・悪いという判断や、好き・嫌いという気持ちを持たず、無心でいるということです。「万法」とはすべての存在、「咎無し」とは罪がないという意味です。

どんなことに対しても二元的なものの見方や勝手な判断をしなければ、すべてをありのまま受け入れることができるということです。あらゆるものは、それぞれそのまま真実です。時代や状況によって変わる価値基準に振り回されたり、偏見や執着の心にとらわれたりせず、まずはあらゆるものをそのまま受け入れてみましょう。

泥仏不渡水《でいぶつみずをわたらず》

本

当の仏様に不可能はなく、水の上を歩くことができるといわれますが、土や石などの泥で作られた仏様の像は、水(川)を渡れず溶けてしまいます。そこから、形あるものはいつか壊れてしまうので、ものに執着したり、とらわれたりしてはならないと読み取れます。その像そのものではなく、その本質に価値があるのです。

人間も同じように、財産や高価なものを持っていても、その人そのものの能力や価値が上がるわけではありません。裸の自分で勝負できるよう、自分を磨きましょう。

且緩緩《しゃかんかん》

中

国・唐末から五代の雲門の宗祖、雲門文偃禅師の言葉です。「悟りとは、結局のところなんなのか?」「どうしたら悟りを得られるのか?」と、悟りを開こうと焦る弟子の一人が、禅師に矢継ぎ早に質問をしました。それに対する禅師の答えです。「まあまあ落ち着きなさい、のんびり、ゆっくりいきましょう」。

日々さまざまなところで「早く!早く!」が合言葉のように使われる現代ですが、本当にスピードが大事なのか、常に急ぐことが求められているのか、まずはひと呼吸して考えたいものです。

禅寺の本山

臨済宗、曹洞宗、黄檗宗の本山を宗派別に紹介します。

臨済宗

瑞石山 永源寺《えいげんじ》
〒527-0212
滋賀県東近江市永源寺高野町41

霊亀山 天龍寺《てんりゅうじ》
〒616-8385
京都市右京区嵯峨天龍寺芒ノ馬場町68

万年山 相国寺《しょうこくじ》
〒602-0898
京都市上京区今出川通烏丸東入

東山 建仁寺《けんにんじ》
〒605-0811
京都市東山区大和大路通四条下る小松町

塩山 向嶽寺《こうがくじ》
〒404-0042
山梨県甲州市塩山上於曽2026

御許山 佛通寺《ぶっつうじ》
〒729-0471
広島県三原市高坂町許山22

摩頂山 國泰寺《こくたいじ》
〒933-0137
富山県高岡市太田184

正法山 妙心寺《みょうしんじ》
〒616-8035
京都市右京区花園妙心寺町1

瑞龍山 南禅寺《なんぜんじ》
〒606-8435
京都市左京区南禅寺福地町

巨福山 建長寺《けんちょうじ》
〒247-8525
神奈川県鎌倉市山ノ内8

慧日山 東福寺《とうふくじ》
〒605-0981
京都市東山区本町15-778

瑞鹿山 円覚寺《えんがくじ》
〒247-0062
神奈川県鎌倉市山ノ内409

龍寶山 大徳寺《だいとくじ》
〒603-8231
京都市北区紫野大徳寺町53

深奥山 方広寺《ほうこうじ》
〒431-2224
静岡県浜松市北区引佐町奥山1577-1

曹洞宗

吉祥山 永平寺《えいへいじ》
〒910-1228
福井県吉田郡永平寺町志比5-15

諸嶽山 總持寺《そうじじ》
〒230-8686
神奈川県横浜市鶴見区鶴見2-1-1

黄檗宗

黄檗山 萬福寺《まんぷくじ》
〒011 0011
京都府宇治市五ケ庄三番割34

※参照サイト
臨済宗：臨済禅 黄檗禅 公式サイト 臨黄ネット(http://www.rinnou.net/)
曹洞宗：大本山 永平寺 公式サイト(https://daihonzan-eiheiji.com/)　**大本山 總持寺 公式サイト**(http://www.sojiji.jp/)
各寺院の公式サイト

監修

枡野俊明（ますの しゅんみょう）

1953年生まれ。横浜市鶴見区にある曹洞宗徳雄山建功寺住職。庭園デザイナー。多摩美術大学環境デザイン学科教授。大学卒業後、曹洞宗大本山總持寺にて雲水として修行。ブリティッシュ・コロンビア大学特別教授などを経て、2001年より建功寺住職に。コーネル大学、トロント大学、ハーバード大学、北京大学など海外の大学で講演。禅芸術としての庭園デザイナーでもあり、これまでに芸術選奨文部大臣新人賞（1999年）、外務大臣表彰、都市緑化功労者国土交通大臣表彰（以上2003年）、カナダ政府より『Meritorious Service Medal』（カナダ総督褒章、2005年）、ドイツ連邦共和国 功労勲章功労十字小綬章（2006年）など多くの賞に輝き、2006年「ニューズウィーク」誌日本版にて「世界が尊敬する日本人100人」にも選出。主な作品にカナダ大使館東京、セルリアンタワー東急ホテル日本庭園などがある。著書多数。

漫画・イラスト

夏江まみ（なつえ まみ）

東京都生まれ。漫画家・イラストレーター。武蔵野美術大学視覚伝達デザイン学科卒業。2014年『ネムキプラス』（朝日新聞出版）で漫画家デビュー。漫画を手がけた主な著書に『マンガで教養 やさしい仏像』（朝日新聞出版）がある。現在では仏教をテーマにした絵画を中心に制作を行い、主に都内のギャラリーにて個展を開催。2014年 나쓰에마미（夏江まみ展）Cafe mcr（韓国）、2015年「ある夜」YOYOGI ART Gallery（原宿）、「わたしの菩薩」ビリケンギャラリー（青山）、「わるいおしえ」ギャラリー楽風（埼玉）など。仏像販売のブランド「仏像ワールド」でweb漫画「アキとジゼルのほとけ通信」連載中。

https://www.butuzou-world.com/column/aki-and-giselle/

執筆・編集制作
二橋彩乃

カバー・本文デザイン
酒井由加里（Q.design）

写真提供（P.129〜133「十牛図」）
国立国会図書館

校正
曽根歩、木串かつこ

編集協力
株式会社ぷれす

企画・編集
市川綾子（朝日新聞出版 生活・文化編集部）

マンガで実用《じつよう》

使《つか》える禅《ぜん》

監　修　枡野俊明
編　著　朝日新聞出版
発行者　片桐圭子
発行所　朝日新聞出版
〒104-8011　東京都中央区築地5-3-2
電話（03）5541-8996（編集）
（03）5540-7793（販売）
印刷所　大日本印刷株式会社

© 2019 Asahi Shimbun Publications Inc.
Published in Japan by Asahi Shimbun Publications Inc.
ISBN 978-4-02-333280-5

定価はカバーに表示してあります。
落丁・乱丁の場合は弊社業務部（電話03-5540-7800）へご連絡ください。
送料弊社負担にてお取り替えいたします。

本書および本書の付属物を無断で複写、複製（コピー）、引用することは著作権法上での例外を除き禁じられています。また代行業者等の第三者に依頼してスキャンやデジタル化することは、たとえ個人や家庭内の利用であっても一切認められておりません。